101 experiencias de filosofía cotidiana

«Pensar no basta; hay que pensar en algo», decía el compatriota de Roger-Pol Droit Jules Renard. Quién sabe si el autor de *Pelo de zanahoria* influyó en nuestro filósofo de cabecera, pero qué duda cabe de que se ha aplicado el principio y que, además, se ha afanado en que nos lo apliquemos todos. Con una treintena de libros publicados y traducidos a una veintena de lenguas, Roger-Pol Droit (París, 1949) es uno de los divulgadores de filosofía más populares de Francia. No solo eso, sino que buena parte de sus trabajos —y *101 experiencias de filosofía cotidiana* es un gran ejemplo de ello— tienen como objetivo mostrar a los lectores maneras de enfocar críticamente el pensamiento, hallar las preguntas pertinentes y discernir si las respuestas que encontramos son válidas o no, verdaderas o falsas. El método es la base de todo conocimiento, pero también una valiosa enseñanza para la vida. «Para mí, la filosofía no consiste solamente en descubrir ideas, sino en ponerlas a prueba», ha dicho el autor. Él, además, lo hace con un estilo ciertamente sencillo —que no simple—, imaginativo y poético que ha conseguido labrarse una buena legión de incondicionales.

Profesor, investigador y colaborador en diversos medios de comunicación —entre ellos *Le Monde*, *Le Point* y *Les Echos*—, Roger-Pol Droit es autor, entre otros libros, de *Las religiones explicadas a mi hija, Genealogía de los bárbaros: historia de la in-humanidad, Una breve historia de la filosofía, La ética explicada a todo el mundo* y *Pequeñas experiencias de filosofía entre amigos: romper los códigos de la vida cotidiana. 101 experiencias de filosofía cotidiana*, este viaje al grado cero de la filosofía, que como ya sabían Platón y Aristóteles no es otro que el asombro, ha sido su mayor éxito en Francia.

ROGER-POL DROIT

101 experiencias de filosofía cotidiana

Traducción de Esther Andrés

Título original: *101 expériences de philosophie quotidienne*

Diseño de colección: Setanta
www.setanta.es
© de las ilustraciones de cubierta y de interior: Olga Capdevila
© de la fotografía del autor: DRFP

© del texto: Éditions Odile Jacob, enero de 2001
© de la traducción: Esther Andrés Gromaches
Cedida por Penguin Random House Grupo Editorial, S.A.U.
© de la edición: Blackie Books S.L.U.
Calle Església, 4-10
08024 Barcelona
www.blackiebooks.org
info@blackiebooks.org

Maquetación: David Anglès
Impresión: Liberdúplex
Impreso en España

Primera edición en esta colección: mayo de 2022
ISBN: 978-84-18733-26-0
Depósito legal: B 8434-2021

Para Pessia,
en recuerdo de mañana

ÍNDICE

Aventuras de todos los días

Este libro es un divertimento. Eso significa que pretende destacar lo esencial de una manera ligera. Al contrario de lo que creía Pascal, es inútil distinguir entre las cuestiones serias, que deberían requerir toda nuestra atención y nuestra energía, y las futilidades que nos desvían de ellas. Lo fútil da que pensar, lo irrisorio conduce a lo serio, lo profundo parte de lo superficial. No siempre, desde luego. La primera tontería que se nos ocurre no contiene sistemáticamente una perla filosófica.

Sin embargo, hay situaciones triviales, gestos cotidianos y acciones que realizamos continuamente que pueden convertirse en puntos de partida para ese asombro del que nace la filosofía. Si admitimos que esta no es teoría pura, si aceptamos que surge de las posturas singulares de los filósofos ante la existencia, de sus insólitas aventuras por el mundo de los sentimientos, las percepciones, las imágenes, las creencias, los poderes y las ideas, entonces no resulta descabellado pensar que nosotros también podamos vivir unas experiencias que funcionen como mecanismos de incitación.

El juego consiste en encontrar esos desencadenantes ínfimos. Inventar algo que haya que hacer, decir o pensar, que nos haga sentir asombro, que nos haga percibir lo extraño de una cuestión. Se trata de crear microscópicos acontecimientos detonantes, impulsos mínimos. En el día a día, jugando.

Cada experiencia descrita en las páginas que siguen está pensada para que se lleve a cabo realmente. Se pueden comparar, modificar o inventar otras. Pero es indispensable ejercitarse de veras, llegar a experimentar cómo se desprenden las certezas. Desde que existen, los filósofos siempre se han planteado lo mismo: practicar el distanciamiento, hacerse a un lado, operar un cambio de óptica, que, aunque muy limitado al principio, permita ver el paisaje desde un ángulo completamente diferente.

Si este divertimento puede resultar útil es porque propone esos puntos de partida. Voluntariamente insólitos. Extravagantes, tal vez. Pero en cualquier caso destinados a hacer tambalear una certeza que creíamos segura: nuestra identidad, por ejemplo, la estabilidad del mundo exterior o el sentido mismo de las palabras. Después, cada persona seguirá una trayectoria diferente. Nadie llegará a las mismas conclusiones. Mejor. El hecho de haber iniciado el trayecto es suficiente.

Estas experiencias, desde luego, se basan en determinadas hipótesis y convicciones. Sugieren, en especial, la posibilidad de que «yo» sea siempre otro; el mundo, una ilusión; el tiempo, una añagaza; el lenguaje, un frágil velo sobre lo indecible; la cortesía, una moratoria de la crueldad; el placer, una moral; la ternura, el único horizonte. Nadie está obligado a compartirlas. Lo único que cuenta es que cada uno encuentre algo que le incite a proseguir.

Cada uno y cada una, desde luego. No creo que la filosofía sea solamente cosa de hombres, aunque así haya sido, por lo general, en el pasado. No obstante, no me ha parecido conveniente, en los textos que siguen, escribir sistemáticamente «cada uno/a», ni «estás cansado/a» cuando me dirijo al lector/lectora. Las lectoras, si lo desean, rectificarán por sí mismas en cada caso.

En conclusión, la intención de este divertimento podría resumirse en este breve diálogo:

—¿Adónde quieres ir a parar con todo esto?

—¡A donde tú vayas!

(I)

Llamarse a sí mismo

DURACIÓN: 20 minutos aproximadamente

MATERIAL: un lugar silencioso

EFECTO: doble

Siéntate en el suelo en el centro de una habitación tranquila, preferiblemente con pocos muebles. Al principio, durante unos instantes, presta atención al silencio, sabiendo que dentro de un momento hablarás y oirás. Mientras escuchas abstraído los ligerísimos ruidos que te rodean, piensa que esta paz terminará pronto. Prepárate para la irrupción de una palabra.

Pronuncia entonces tu nombre en voz alta. Articula con claridad y repite, insiste. Como si tuvieras que captar la atención de una persona que se encontrara lejos y permaneciera sorda a tus llamadas. Imagínate que estás llamando a alguien a quien conoces, pero que no te ve. Al otro extremo de un campo. O bien desde una orilla a un barco. O de una casa a otra.

Al principio, las quince o veinte primeras veces, tienes la impresión de estar simplemente hablando en el vacío. Estás llamando a alguien ausente, alguien inaccesible, de una manera absurda y ridícula. Por mucho que alargues las vocales o pronuncies las sílabas en tonos diferentes, no consigues creértelo. Continúa. La puerta está bien cerrada.

Poco a poco, empiezas a tener la sensación de que te están llamando. Primero de una manera confusa, apenas perceptible. Vacilante, poco segura. Ahí es donde tienes que instalarte, atento a ese inestable equilibrio entre el interior y el exterior. Insiste, repite, llámate unas docenas de veces más, maquinalmente, automáticamente. Es tu voz, sí. Pero también es la voz del otro, del que está allá. Ahora acabas de distinguirlo. Tu voz no se ha desdoblado. Y tú tampoco, por supuesto. Sin embargo, sientes que eres doble, que en cierto modo te has escindido por dentro. Eres tú quien llama, pero no sabes a quién. Te están llamando a ti, pero no sabes de dónde. O mejor dicho, sí, desde luego, sabes que eres tú en ambos casos, y «tú» supones que eso es una sola persona. Es más, lo sabes, y todo el mundo está de acuerdo en ello. Pero no es eso lo que estás sintiendo en este momento. Sabes que «tú» y «tú» son uno solo, pero ya no lo experimentas de forma plena, evidente. El que llama es el mismo y no es el mismo que el que es llamado.

La experiencia consiste en prolongar durante unos instantes este juego del interior y el exterior, de la llamada y la escucha. Hay que sentir, hasta donde sea posible, lo que de insólito tiene ese nombre que conocemos, pero que nunca podemos dirigir a nosotros mismos sin sentirnos otro. Solo los demás, evidentemente, te llaman así, y tú, en situación normal, nunca te llamas a ti mismo. Continúa llamándote, a intervalos regulares, hasta casi gritar en algún momento. El objetivo es suscitar ese ligero malestar, no forzosamente desagradable, que acompaña a la sensación de haberse desgajado de uno mismo. Mantenerse un rato en esta situación de leve vértigo.

¿Cómo salir de ella? ¿De qué modo colmar esa distancia, volver a unir ambos extremos?

Di sencillamente, en voz alta y fuerte, con la mayor naturalidad posible: «¡Sí, sí! ¡Ya voy!».

Vaciar una palabra de sentido

DURACIÓN: de 2 a 3 minutos aproximadamente
MATERIAL: lo que se tenga a mano
EFECTO: desimbolizador

P uede ser en cualquier sitio y a cualquier hora. Esta vez también basta con que te asegures de que nadie te oiga. Es mejor evitar molestias mientras dura el experimento para no sentir miedo al ridículo. Hablar solo no tiene importancia. Sentirse espiado y escarnecido perturbaría el resultado esperado.

Así pues, sencillamente, un lugar donde nadie te oiga. Toma lo que tengas a mano, el objeto más común, un lápiz, un reloj, un vaso, incluso una prenda de vestir, un botón o un cinturón, un bolsillo o un cordón de zapato. Lo mismo da. Un objeto trivial. Su denominación es habitual, su presencia es familiar. Para ti, a este objeto le corresponde, desde siempre, la misma palabra. Idéntica, natural, normal.

Sostén, pues, esa cosa en la mano sin malicia, sin extrañeza, sin riesgo. Repite su nombre, en voz baja, mirándola. Fija la vista, por ejemplo, en el lápiz que está entre tus dedos y repite: «lápiz», «lápiz», «lápiz», «lápiz», «lápiz», «lápiz», «lápiz», «lápiz», «lápiz», «lápiz». Puedes seguir un poco más. No deberías tardar mucho. En unos instantes, la palabra familiar se disocia, se acartona. Estás repitiendo una serie de sonidos extraños. Una serie de ruidos absurdos, insignificantes, que no denominan nada, no designan cosa alguna y se quedan sin sentido, fluidos o ásperos.

Seguro que de pequeño ya jugaste a esto. Todos, o casi todos, hemos experimentado de este modo la extrema fragilidad del lazo que hay entre las palabras y las cosas. En cuanto lo torcemos o lo estiramos, en cuanto lo destensamos, este lazo deja de ser algo sencillo. Se enreda o se rompe. El término se disipa, se desintegra. Como una cáscara quebrada por inanidad sonora.

Lo que le sucede al objeto no es menos asombroso. Parece que su materia se hace más gruesa, más densa, más cruda. La cosa se vuelve más presente y distinta, en su innombrable rareza, en cuanto cae fuera de la fina red de los vocablos habituales.

Es preciso repetir este viejo juego disociativo. Intentar observar cómo huye el sentido, cómo lo real emerge rudamente fuera de las palabras. Distinguir el desconchón debajo de la prosa. Decir varias veces la misma palabra aplicada a la misma cosa disipa por completo el significado. ¿No resulta maravilloso? ¿O espantoso? ¿O cómico? Bastan unos instantes para quebrar la fina película en la que estamos instalados, satisfechos de poder decir el nombre de las cosas.

Buscar el «yo» en vano

DURACIÓN: indefinida
MATERIAL: ninguno
EFECTO: disolvente

s uno de los términos que más utilizas. A lo largo del día, la palabra «yo» figura en casi todas tus frases. Ya en tu más tierna infancia dejaste de designarte por tu nombre de pila. «Yo» se ha convertido en la palabra con la que expresas tus deseos, tus decepciones, tus proyectos, tus esperanzas, tus actos más variados, tus sensaciones físicas, tus enfermedades, tus placeres, tus planes, tu resentimiento, tu ternura, tu predilección por la vainilla o tu repugnancia por el hinojo. Hace mucho tiempo que vinculaste esta palabra tan breve a tus muchos estados de ánimo. Está íntimamente imbricada en tus sentimientos, en tus recuerdos. En apariencia, nada se hace sin ella. Aparece en todos tus relatos, en todas tus opiniones. Ni la menor decisión ni la menor elucubración están libres de ella.

Curiosa situación: todo el mundo utiliza la misma palabra. La más irreductible intimidad, la más singular existencia de cada uno de nosotros está unida a un término que nadie ha escogido ni creado, y que todos los demás utilizan igualmente. Un pronombre de la lengua. Nada hay menos personal que este pronombre «personal». La existencia a la que se refiere es, desde el punto de vista lingüístico, perfectamente intercambiable. Cualquiera puede afirmar «yo estoy contento» o «yo estoy triste». Cada cual, diferente de todos los demás, se designa a sí mismo con una palabra que utilizan todos los demás. Qué situación tan paradójica. Pero en la que tú no habías pensado nunca, como todo el mundo. Bastantes cosas tienes que hacer como para andar perdiendo el tiempo con cuestiones de este tipo. A pesar de todo, busca dónde se encuentra este «yo». ¿Existe? ¿Cómo detectarlo? ¿Cómo reconocerlo? Si intentas plantearte estas preguntas y resolverlas con esmero, experimentarás que este «yo» no es fácil de localizar ni de autentificar.

No es una experiencia breve, con límites fáciles de circunscribir. Al contrario, podría parecerse a una larga persecución. Se necesita tiempo, ocasiones diversas, cierta constancia y obstinación. ¿Dónde se halla esta evidencia llamada «yo»? Buscarás largamente, en diferentes lugares, desde distintos ángulos. Hay muchas probabilidades de que, a fin de cuentas, vuelvas con las manos vacías. Entonces es cuando las cosas empiezan a ser interesantes.

Entre las pistas que puedes intentar seguir conviene recordar la existencia del cuerpo. Este «yo», singular y, sin embargo, parecido a los demás, ¿no será sencillamente tu cuerpo, con sus hábitos y flaquezas, sus fragilidades y particularidades? No, jamás encontrarás el «yo» en tu cuerpo. Ninguna de tus células ha vivido más de diez años. ¿A qué llamarás «yo»? ¿A la forma? ¿A la estructura de conjunto? ¿A la organización? Queda el pensamiento, es bien sabido. Todo cambia, pero no tus recuerdos, tu conciencia de seguir siendo el mismo, idéntico pese a las alteraciones. Tampoco aquí conseguirás atrapar el «yo». Nunca encontrarás más que pensamientos, secuencias, recuerdos, asociaciones de ideas, deseos que están afectados por eso que tú llamas «yo».

Entre todas esas sensaciones, entre todos esos acontecimientos mentales, «yo» parece ser el denominador común. Pero no es un soporte ni un motor. Solo un aire de familia. Una cualidad común a unos pensamientos y sensaciones bastante variados, casi como un color o un perfume. Una manera de aparecer. Quizá un estilo. Nada más. «Yo» no es algo o alguien. Sin embargo, no es tan solo una palabra. Es, sin duda, como un estribillo, una costumbre, una cualidad secundaria y relativa.

Si consigues experimentar todo esto, aún te quedará por saber qué hacer con ello. ¿Qué incidencia puede tener en tu existencia este imposible hallazgo? ¿Cómo ingeniárselas tras la deserción del «yo»? Eso es otra historia.

Hacer que el mundo dure veinte minutos

DURACIÓN: 21 minutos
MATERIAL: un mundo y un reloj
EFECTO: aterrador o tranquilizador

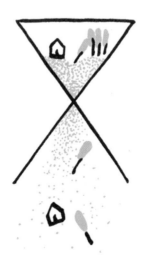

l pasado queda incrustado. Está presente hasta en los menores gestos. Se enrosca en los pensamientos, incluso en los que, en apariencia, no se preocupan por él. El porvenir, igualmente, está siempre apoyando el más mínimo proyecto. Acompaña nuestras más ínfimas anticipaciones.

¿Qué ocurriría si —aunque fuera de manera ilusoria, solo para jugar— intentásemos vencer estas terribles limitaciones? Imaginemos, en la medida de lo posible, que el pasado no ha sucedido y que el futuro no existe. Intentemos creer que este mundo, tal como es, no dura más que veinte minutos. Se ha creado de repente, hace apenas un instante, tal cual, con nosotros dentro. Hace un minuto no existía. Todo lo que el mundo contiene ahora en cuanto a vestigios, ruinas antiguas, bibliotecas, monumentos, archivos, recuerdos próximos o lejanos, todo acaba de aparecer al mismo tiempo. Los archivos están ahí, los testimonios también, pero el pasado del que hablan jamás ha existido más que en el instante.

Este mundo —infinito, variado, múltiple— posee un tiempo de vida limitado a veinte minutos exactos. Después desaparecerá total y definitivamente. No habrá deflagración gigantesca ni explosión cósmica. No habrá un incendio pavoroso ni un horno inmenso. Solo una extinción brusca. Como se desvanece una pompa de jabón, como de repente deja de brillar una luz.

Instálate en este mundo de veinte minutos. Comprueba que, en cierto modo, es idéntico al nuestro: los mismos volúmenes, los mismos cielos. Ningún objeto es diferente. Las mismas personas, los mismos gestos. Observa con más atención: no es el mismo universo en absoluto. Este mundo al que le falta la profundidad de un pasado real y la perspectiva de un futuro posible puede parecer idéntico, pero difiere radicalmente del nuestro debido a este límite temporal. Antes de que este universo efímero haya desaparecido del todo, esfuérzate en comprender, tú que tienes la ilusión de que ha existido y existirá otra realidad, hasta qué punto tu pensamiento es diferente de esta existencia programada. Cuanto más experimentes esta separación y esta distancia, más podrás sentir la importancia que tiene para nosotros lo inmemorial y el horizonte del futuro.

Cuando se acerque el plazo fatídico de los veinte minutos, notarás furtivamente el sordo terror a que todo desaparezca de verdad.

Es probable que tal cosa no ocurra. Por lo tanto, en el minuto veintiuno, podrás salir de este pavor sin objeto. Te esforzarás entonces en saborear el alivio de ver que el mundo continúa.

Después quizá te quede, en el fondo, la secreta decepción de que nada haya desaparecido.

Qué mal perdedor...

5

Ver las estrellas abajo

DURACIÓN: de 30 a 60 minutos
MATERIAL: un cielo estrellado
EFECTO: cósmico

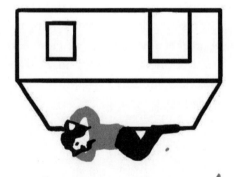

Preferiblemente una noche de verano. No debería haber nubes. Mejor todavía si tienes un jardín, algo impermeable donde tumbarte y una hora por delante. Bien, ya te has tumbado boca arriba. Estás mirando las estrellas, su número inmóvil, su vasta rareza. Tienes que llegar a sentirte intimidado y cómodo a la vez, sumido en la tranquilizadora y misteriosa presencia de la noche.

Aquí valen todos los clichés: el titilar de las estrellas, el abrazo de la noche, la inmensidad que nos hace sentir tan pequeños. Todos los tópicos son buenos. Sobre todo, no dudes en dejarte atrapar, en sumergirte en ellos hasta el cuello.

Espera el tiempo que sea necesario hasta el momento en que surja la sensación de estar clavado al suelo, casi aplastado por la inmensidad, un punto minúsculo bajo el infinito.

La experiencia consiste simplemente en darle la vuelta al universo. De manera paulatina te irás convenciendo de que las estrellas que ves están abajo. Estás por encima de ellas. Una fuerza imperativa te retiene pegado a la tierra. Pero ese cielo inmenso está debajo. Estás sobrevolando ese abismo de estrellas, con el peligro de caer en él para la eternidad.

La experiencia no funciona de inmediato. Se necesita una acomodación, una atención fluctuante, más que un esfuerzo concreto. El proceso se parece al de las imágenes en tres dimensiones. Se mira mucho rato una hoja plana cubierta de signos que parecen no solo lisos, sino además ininteligibles. Hay que resistir la espera. Y entonces, de repente, todo da la vuelta. En efecto, ahora sientes que todo está debajo de ti.

Te bastaría con una nimiedad, un soplo, una breve interrupción de la atracción, un momento de descuido quizá, para ponerte muy lentamente a la deriva, entre la Tierra y la nada, a descender del cielo.

Cuando te incorpores, muy despacio, ten cuidado con el escalón.

6

Ver un paisaje como un lienzo

DURACIÓN: de 20 a 30 minutos

MATERIAL: un paisaje tranquilo

EFECTO: sorpresa

l mar o el campo mejor que la ciudad. Un paisaje relativamente sencillo, no muy tortuoso, casi uniforme. Con pocos contrastes de colores, con pocas oposiciones de formas. Instálate para contemplarlo. No mires. No escrutes. Tu mirada no debe hurgar, no debe detenerse en ninguna parte. Por el contrario, debe deslizarse por el conjunto, permaneciendo distante, un poco desenfocada. Como si nada la detuviese ni la atrajese. Ninguna aspereza, casi ninguna forma. Al final, todo debe parecerte que está en el mismo plano, sin relieve, liso, como un cuadro. Puede tardar más o menos tiempo. A veces resulta evidente enseguida. Todo depende de ti, y de tu estado de ánimo, y del paisaje.

Cuando percibas el conjunto como una superficie única, lisa y sin tensión interna, la experiencia ya puede empezar. Imagina que todo lo que estás viendo, desde el cielo hasta la tierra, inmóvil o en movimiento, no es más que un inmenso lienzo. Pantalla gigante, pantalla «total», de granulado perfecto y definición exquisita.

Si consigues llegar a este punto y se te hace evidente que todo lo que tienes delante no es más que una tela llena de colores, sin apenas movimiento, un cine inmenso y antiguo, entonces ya podrás imaginar que la tela empieza a plegarse. Verás como esta gran cortina donde cabe el paisaje entero va dejando paso muy lentamente a otra cosa mientras se pliega. ¿En qué sentido se dobla? ¿Por arriba? ¿Por abajo? ¿A partir de una esquina? ¿O desde un lado, verticalmente? Hazlo a tu antojo. El punto que debes alcanzar es aquel en el que sientas posible la existencia de un mundo que se pliega. Debes llegar a experimentar un leve temor a descubrir lo que hay detrás. No imagines forzosamente una noche abismal, un fuego tórrido, un precipicio. Nada. Lo importante es sentir que el mundo, al fin y al cabo, siempre está expuesto a deslizarse, a eclipsarse, a carecer de certeza. Lo importante es que sientas esta ligera turbación en presencia del paisaje.

Antes de que se levante el telón, puedes salir de esta experiencia anunciando unos minutos de entreacto. De todos modos, nunca más volverás a evadirte con este tipo de piruetas. Ahora ya sabes que el telón no te esperará. La presencia de la realidad ha perdido vigor, la evidencia del mundo ha quedado herida de muerte. Todo puede suceder, en cualquier parte, en cualquier momento, de improviso.

Perder algo y olvidar qué

DURACIÓN: imprevisible
MATERIAL: indiferente
EFECTO: angustioso

Podemos organizar todo tipo de preparativos, pero jamás podemos organizar la pérdida y el olvido. Esta experiencia no puede prepararse. Las dos condiciones esenciales deben reunirse por casualidad. Hay que haber perdido un objeto, uno cualquiera o uno importante, y saber que lo hemos extraviado efectivamente, pero ser incapaces de recordar qué era. Por lo tanto —aunque extraño, no es imposible—, hay que ser víctimas de una doble pérdida: de una cosa y de un recuerdo.

Ya sabes que has extraviado uno de tus objetos habituales, o algo que te habían prestado, o incluso un documento del que eras responsable, poco importa... pero, pese a todo, no sabes de qué se trata.

De momento, solamente tienes la confusa sensación de que hay un vacío en la continuidad de las cosas, pero no puedes identificarlo dándole unos contornos más precisos. Un despiste irreparable, una inquietud doble por haber olvidado algo y ni siquiera saber en qué consiste ese algo sin identidad, eso es lo que tienes que llegar a sentir.

Podemos repetir que el caso es extraño, que es imposible querer provocarlo. Solo podemos esperar que surja la circunstancia, cosa poco probable. Y prepararnos para su posible aparición.

Después de todo, tal vez sea más frecuente de lo que creemos. Suelen ser momentos que nos enmascaramos a nosotros mismos. Los rehuimos, les echamos tierra encima. Se funden bajo el centelleante polvo de las nadas cotidianas, como partículas en suspensión que solo se ven en los rayos de sol.

Aquí, por el contrario, se trata de esperar esos momentos para prestarles atención. Si por casualidad te encuentras en una de estas raras ocasiones, la experiencia consistirá en instalarte en el extraño sentimiento que experimentes. No es pena, porque no hay un contenido que le pueda ofrecer material para constituirse. Tampoco es vergüenza, una incomodidad difusa o difícil de comprender. Es algo más vago y más terrible a la vez. Haber olvidado el olvido y saber «confusamente» que se ha producido un olvido. Pero ¿qué es un saber confuso? ¿Existe tal cosa? ¿Cómo llamarla? ¿De qué manera existe esta visión de soslayo en el tiempo? Como si uno se viera a sí mismo, desde fuera, pero de lado, imperfectamente, desde un ángulo deformado, con mala visibilidad.

Entonces puede que te embargue un temor sordo a una carencia irreparable que podría revelarse de repente sin que tú sepas con exactitud cuál es su contenido. Para más información, puedes leer obras sobre la psicosis o sobre la mística, a tu elección.

Saber dónde estábamos por la mañana

DURACIÓN: variable

MATERIAL: ninguno

EFECTO: suspensión

s una experiencia para personas agotadas. Conviene a los viajeros fatigados, a los comerciales bajo presión, a los ejecutivos estresados, a quienes dan demasiado de sí. Es útil que la jornada esté ya bien avanzada. O que sea muy caótica. O que venga después de muchas jornadas de sobrecarga, de desplazamientos y ajetreo. En resumen, para realizar esta experiencia conviene que la acumulación de esfuerzos te haga estar más o menos ebrio de agotamiento. Escoge el momento en que empieces a sentir que ya no eres dueño de ti mismo. Que ya no controlas. Mantener juntos tantos cambios y tantos datos te ha llevado al límite de tus fuerzas.

Cuando llegues a ese estado de tensión, fatiga y nerviosismo en que uno duda de su capacidad para seguir adelante, la experiencia es muy sencilla. Pregúntate: ¿dónde estaba yo esta mañana? Hay otras variantes posibles: ¿cuál es la primera frase que he oído? ¿Cuál ha sido mi primera cita? ¿Con quién he pasado la noche? (etc., según el tipo de vida que lleves).

Muchísimas personas responderán a estas preguntas sin vacilar ni un segundo. Saben de inmediato dónde se han despertado. Lo que han comido, dicho, leído, oído, a qué personas han visto. Estos interrogantes carecen de interés para quienes viven en la necesaria evidencia de la repetición, la monotonía de las horas y la inmovilidad de los días. Ellos lo saben enseguida, porque hoy es como de costumbre y como siempre. La oficina, la tienda, la granja, la fábrica. Ni un solo cambio. Para los demás, los nómadas, los exaltados, los mutantes, no siempre es fácil recuperar el hilo. Cuando se suceden reuniones, decisiones y desplazamientos, saber lo que se ha hecho unas horas antes puede ser muy difícil. Lo importante no es la amnesia o el recuerdo. Es la sensación de vacilación. Experimenta este momento. Unos segundos, unos minutos. Estás en suspenso, dudando, sin saber qué es lo que, en tu propia existencia, ha precedido tan poco tiempo atrás al momento presente. Sabes bien que tu cuerpo estaba en alguna parte, estás convencido de que él lo recuerda, que la respuesta llegará al fin. Y, sin embargo, tarda en llegar, la continuidad no se produce, permaneces separado de ti mismo, distanciado de tu propio tiempo. Sabes que eras tú, desde luego, que ese momento, esa frase, ese despertar han existido. Sin embargo, al menos de momento, no recuerdas nada, sigues al borde del instante, hay agujeros en el pasado, y eso te preocupa. Porque la continuidad del pasado es un dogma, evidentemente.

Provocarse un dolor breve

DURACIÓN: unos segundos
MATERIAL: ninguno
EFECTO: volver a la tierra

Te estás aburriendo. El espectáculo no termina nunca. O la clase no tiene interés. O esperas una llamada que no llega. O no sabes qué hacer, y dudas. El mundo flota en una especie de bruma. Sientes que te estás volviendo inconsistente, como si tu sustancia empezara a perder sus contornos, a expandirse vagamente a tu alrededor. Incluso podrías estar volviéndote cada vez más vaporoso, más acuoso, más ligero. Ya no sabes con exactitud quién eres ni dónde estás. El aburrimiento ha empezado a disolverte.

Pellízcate. Con fuerza, con intensidad. En una parte donde haga daño. Por ejemplo en la cara interna del brazo, el cuello, la ingle. El dolor provocado debe ser breve, pero intenso. Lo suficiente para provocar un grito que, llegado el caso, deberás contener.

Para despistar a tus defensas, actúa deprisa. No te des tiempo para esperar el dolor ni para prepararte a él. Sé brusco. Procura, por así decir, pillarte por sorpresa. Haz todo lo posible por desdoblarte, por no verte venir. El dolor tiene que sobrevenirte como un azar, un accidente, un encuentro repentino. Debe abatirse sobre ti, aparecer fulgurante en medio de tu torpor.

Si la violencia es suficiente, el efecto está asegurado: vuelves a encontrarse con lo real, recuperas el cuerpo, sabes dónde estás, el efecto de bruma se disipa, sales del aburrimiento, regresas al mundo.

Solo queda una pregunta sobre la que deberás reflexionar: ¿por qué el sufrimiento puede facilitar el acceso a la realidad? ¿Es un simple efecto de llamada? ¿Es el contraste brusco? ¿O bien es que, a lo largo de los milenios, hemos desarrollado una manera de vivir tal que el dolor se ha convertido en el primer indicio del mundo? Lancinante pregunta.

Sentirse eterno

DURACIÓN: ilimitada
MATERIAL: ninguno
EFECTO: reposo

Nuestra eternidad no es un artículo de fe. Es un hecho. En todo caso, es posible contemplarla como una realidad perceptible, no demostrable mediante razonamientos. No llegaremos a una conclusión al cabo de una larga serie de procesos abstractos. Sentirse eterno es algo que hay que experimentar. Puede parecer insensato. Inténtalo, no obstante:

Imagina el viaje hacia la percepción de lo eterno como un recorrido hacia el interior de tu cuerpo. La piel está en el tiempo, es la periferia, los círculos exteriores. El corazón también está en el tiempo, impulsando y expulsando, así como los pulmones y el estómago, sometidos a sus ritmos respectivos. Más abajo, más adentro es donde se encuentra el espacio sin tiempo. En ese espacio puro, detrás de tu mirada, podrás contemplar cómo se desprende la fina película del tiempo. Verás cómo se separa de ti y de las cosas como una cáscara que cae al suelo rodando.

Si estuvieras allí, verías tus propios pensamientos desfilar sin detenerse ni dejar huellas, verías todas las cosas moviéndose en el presente, en un presente dilatado, expandido, ensanchado hasta las dimensiones del universo.

La experiencia consiste en sentir desde dentro el carácter superficial del tiempo. Al principio tienes que sentir una especie de aturdimiento insospechado, despúes una evidencia cada vez más familiar de que el núcleo fundamental del que estás constituido nada tiene que ver con las sucesiones del orden del tiempo. Las contemplas. Las acompañas. No estás incluido en ellas. Al menos de eso es de lo que deberías llegar a convencerte. La cuestión no está en saber si en realidad es así. Lo esencial es que, aunque fugazmente, tengas la impresión sincera de que es cierto. Poco importa que en realidad seamos efímeros. Si, en el seno de este flujo incesante, en este transcurrir interminable y discontinuo de las horas, tenemos al menos una vez la convicción completa de nuestra eternidad, entonces escapamos del tiempo. La ilusión es suficiente.

No hay nada más que decir sobre esta experiencia. La verdadera dificultad consiste en entenderla. Y, por lo tanto, en insistir hasta llegar a la claridad.

Telefonear al azar

DURACIÓN: de 20 a 30 minutos
MATERIAL: una línea telefónica
EFECTO: humanizador

Descuelga. Empieza a marcar un número de teléfono. Cualquiera, sin intentar saber ni controlar. Pulsa en el teclado unas cifras al azar. Espera a ver qué pasa. Al principio la experiencia casi siempre es decepcionante. Señal de comunicando, mensajes de error, silencios, interrupciones. Tiempos muertos. A menos que tengas mucha suerte, tus primeras tentativas no darán resultado. El teléfono no funciona al azar. Por lo tanto, tienes que organizarte, reducir los imprevistos.

Empieza por determinar el número total de cifras que marcarás, número variable según el país en que estés, los prefijos necesarios, la región con la que pienses contactar. Puedes jugar alternativamente con las llamadas solo nacionales, o extender el azar a todas las regiones del mundo (según tu estado de ánimo, tus competencias lingüísticas, tu presupuesto).

Evidentemente, no se trata de tomarle el pelo a nadie. Este juego no tiene nada que ver con esas bromas que gastan todos los adolescentes del mundo por teléfono. Esto es, por cierto, lo primero que tendrás que dejar claro a tus interlocutores. «Le telefoneo al azar. ¿Podría decirme quién es usted?», esta podría ser la primera frase. Tienes que intentar convencerlos de que no es una broma.

Lo que sucede a continuación es imprevisible. Te cuelgan en las narices o entablas una improbable conversación con la encargada de la centralita de una empresa de viguetas metálicas establecida en Manchester. O te insultan, o inicias una extraña relación, medio anónima, con una persona desconocida un segundo antes. La experiencia no consiste en hacer amigos ni ligar sin salir de casa. Nada de malo hay en ello, pero no es este el objetivo. Se trata de experimentar cuán tupido es el mundo, tan cercano e infinito a la vez. Telefonear al azar debe ser el punto de partida de muchas microaventuras en esta densidad. Odiseas infinitesimales. Saltos instantáneos de un país a otro, grietas repentinas en el compacto bloque de lo cotidiano, pequeñas brechas por las que penetra lo extraño. Basta con colgar para encontrarnos de nuevo en casa. Aunque no de inmediato. Siempre quedan efluvios de otros parajes flotando en el aire. O puede que alguna hilacha de tu ropa haya quedado prendida en alguna parte, aunque no sabes muy bien dónde.

Volver a nuestra habitación después de un viaje

DURACIÓN: de 10 a 20 minutos

MATERIAL: una vuelta a casa

EFECTO: reposo

E s preciso que vuelvas de lejos. O que hayas estado fuera mucho tiempo. Has perdido tus puntos de referencia familiares. Has tenido que dormir en camas diferentes, acostumbrarte a otros alimentos. Has cambiado de clima, de ritmo, de horizonte. Has oído otros idiomas, has practicado actividades distintas de las habituales. Tu cuerpo, tu alma se han adaptado a costumbres nuevas. Ahora la puerta de tu casa ya no queda muy lejos. Este es el momento que hay que explorar. Desde hace unos minutos ya se están reactivando algunos puntos de referencia. Mira con curiosidad las carreteras o las calles de los alrededores, las casas vecinas. Sabías que todo era así. Sin embargo, no es en absoluto como antes. Decir qué ha cambiado no es fácil. Nada, por supuesto. Aunque algo sí. Y no solamente tú. Es en las cosas, o entre ellas y tú, donde parece haber elementos desgajados.

Abre la puerta. Ve directamente a tu habitación. Túmbate en la cama, mira con atención a tu alrededor. Primero tienes que recuperar el volumen, reencuadrar las distancias, reajustar los colores. Ninguna de estas palabras es la adecuada. El proceso, que se desarrolla muy deprisa, es mucho más sutil que el vocabulario disponible. Te conoces este espacio de memoria, la distribución, los colores. Pero no los habías visto en los últimos tiempos. Tenías que ejercitar otras sensaciones. El regreso de estas da a conocer a la vez su familiaridad y la distancia que has tomado con respecto a ella.

Presta atención a lo que quizá hayas olvidado. Detalles ínfimos: una mancha en la pared, un pliegue en una alfombra, un ligero abombamiento en el parqué, cosas así. Las conoces, pero ya no las tenías en mente. Se habían difuminado. Aunque no te extrañan, te sorprenden un poco. Procura mantenerte en este equilibrio inestable entre las huellas antiguas, por las que pronto volverás a deslizarte sin esfuerzos, y los diferentes ajustes que has operado en tu ausencia. Este tiempo de vacilación pasa rápidamente. Enseguida volverás a reunir todas las piezas y relatarás tu viaje en pasado.

Antes de que se reanude el curso incuestionable de los trabajos y los días, pregúntate cómo te ha esperado tu habitación, cómo ha podido no cambiar. Es difícil entender cómo una realidad puede conseguir permanecer idéntica durante tu ausencia. Y tú, ¿qué has hecho, por tu parte, para que esta habitación permaneciese idéntica a sí misma? ¿Te la has llevado en un recoveco de tu memoria? ¿La has mantenido, alimentado, activado, retenido? ¿Se debe a ti, a ella misma, o a quién o a qué, que esta habitación, mientras tú no estabas, no se haya sumido en la nada, o que al menos haya resurgido de ella intacta?

Por supuesto hay gente a quien le es indiferente, que cree que estas son preguntas absurdas. Las cosas se quedan donde están sin que haya que hacer nada para que así sea. Y las volvemos a encontrar tal cual. Y punto. No está tan claro.

Beber y orinar a la vez

DURACIÓN: 1 o 2 minutos
MATERIAL: retrete y vaso de agua
EFECTO: apertura

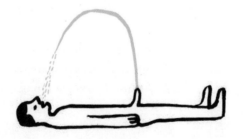

D esde hace cientos de miles de años la inmensa mayoría de los seres humanos vive y muere sin haber realizado la experiencia siguiente. Sin embargo, es en extremo fácil y especialmente interesante.

Tú, como todo el mundo, orinas. Y en otros momentos bebes. Ignoras qué se puede sentir cuando se hacen ambas cosas al mismo tiempo. Esta experiencia te permitirá descubrirlo.

Así pues, sin más, ten preparado un gran vaso de agua. Cuando empieces a orinar, empieza a beber. En la medida de lo posible debes beber de manera continua, de un trago, sin pausas. De inmediato te embargan unas sensaciones por completo insólitas. El agua que te sale por el sexo establece casi al instante una continuidad con la que te entra por la boca. De repente, por tanto, imaginarás y, sobre todo, experimentarás una organización de tu cuerpo que hasta entonces no habías creído posible. El agua que estás bebiendo parece salirte directamente por la vejiga. En pocos segundos descubres un circuito directo, garganta-uretra, un trayecto instantáneo estómago-vejiga, una fisiología imposible, pero que estás sintiendo de manera directa e indiscutible.

En pocos segundos te inventas un cuerpo delirante y sencillísimo que, sin embargo, estás experimentando de manera manifiesta e indudable. Ya no existen intestinos, ni riñones, ni tiempo de espera, ni filtrado, ni diálisis. El agua circula por ti en vertical, el líquido fresco te atraviesa, te lava por dentro, te limpia de una manera singular y tangible. Tu organismo parece abierto por dentro, el agua circula ágilmente entre el interior y el exterior, como un flujo cósmico o un túnel de lavado, según prefieras.

Esta experiencia, renovable indefinidamente, de coste nulo, que siempre puede reservar nuevos descubrimientos o curiosas sorpresas, no está considerada como una cura termal.

Empujar una pared entre las manos

DURACIÓN: 10 minutos aproximadamente

MATERIAL: ninguno

EFECTO: desdoblador

Pon las manos palma con palma, dedos con dedos, a la altura de los ojos. Despega las palmas, manteniendo el contacto de las puntas de los dedos. Acerca de manera intermitente las palmas, sin que se toquen. Haz fuerza y resistencia con cada mano, presionando cada vez con más fuerza la yema de los dedos, en la cara interna de la última falange. Cada una de las manos debe abrirse y cerrarse alternativamente, como si intentaras empujar una pared, resistirte a la presión de una superficie plana e inerte. Flexibiliza al máximo las articulaciones, siente la tensión de los músculos en las palmas, cómo se estiran los ligamentos. Repitiendo varias decenas de veces este movimiento de presión y flexión, descubrirás la ambigüedad de la situación.

Tú eres, al mismo tiempo, el que empuja y el que resiste. Puesto que tus manos están en ambos lados, sientes una insólita dificultad para saber dónde te hallas. Tú eres el otro, el otro es tú. Cuando la experiencia se prolonga, resulta aún más extraña. Porque ya no sabes dónde está lo vivo y dónde lo inerte. Para cada mano, la resistencia a sus movimientos constituye lo exterior, y cada una de ellas es percibida como una pared. Sientes en cada lado el esfuerzo vivo, no la superficie plana. Percibes la piel, la yema, no la presencia de la pared. Esta pared, supuesta, virtual y, sin embargo, palpable, no sabes dónde localizarla.

La situación se complica por el hecho de que tienes ambas manos ante los ojos: lo que ves no coincide con lo que sientes. La imagen está unificada: dos manos simétricas. La sensación está escindida anormalmente: cada mano es como la no vida de la otra. En este cuerpo a cuerpo contigo mismo, este mano a mano en circuito cerrado, estás experimentando que «yo es otro».

Caminar en la oscuridad

DURACIÓN: unos segundos
MATERIAL: una habitación oscura
EFECTO: desubicador

De repente, la oscuridad. Hay un corte de electricidad, te has despertado de improviso, no quieres despertar a los que duermen... Poco importa la razón. Estás caminando en la oscuridad. Preferiblemente sin haberlo previsto. Sin ningún punto de referencia iluminado de tu recorrido, de los obstáculos y de las distancias. Tienes que atravesar, únicamente con tus recuerdos, en medio de la oscuridad más completa, una habitación muy familiar, tu propia habitación, o el salón. De lo que se trata es de experimentar cómo flaquean tus certidumbres. Tus titubeos dicen que ahora ya no sabes orientarte en ese marco tan habitual, mil veces recorrido. ¿Cuántos pasos van de la cama a la puerta? ¿No hay nada entre medio? ¿Dónde está el brazo del sillón? ¿Y la esquina de la cama? Estos lugares tranquilizadores se van plagando de puntos de interrogación.

Los gestos más sencillos se revisten de riesgos, chocan con una brusca multitud de perplejidades. Y, sobre todo, ya no sabes calcular con exactitud. Lo que pensabas conocer a plena luz, ahora se revela incierto. Todo es inseguro. Tiendes el brazo pensando que vas a chocar contra algo, a tocar la pared, a notar el marco de la puerta... Nada. Sigues andando a tientas en el vacío. Al cabo de un segundo, sin que hayas podido darte cuenta de inmediato, te habrá invadido el aturdimiento de la ignorancia. La oscuridad te hace torpe. Te ha vuelto opaca la cabeza, te ha trastornado los sentidos. De repente te das un golpe contra la esquina de la cómoda. No sospechabas que estuviera allí. O sea que estabas equivocado. No estabas donde pensabas estar. El mueble ha surgido de las tinieblas y te ha golpeado con bastante fuerza, con el borde precisamente, en la parte superior del muslo, ahí donde más duele.

La ausencia de luz te falsea todos los cálculos. Desorganiza los contornos. Tu cuerpo está como perdido, inseguro. Ya no es capaz de actuar, excepto a base de pequeñísimos impulsos, de minúsculas sacudidas. Sin embargo, solo te faltan muy pocas cosas. Toda la realidad conocida ha permanecido en su lugar, en orden. Nada se ha movido, ni las cosas ni sus relaciones recíprocas. Sin embargo, se han vuelto incomprensibles para ti. Distantes y vagamente amenazadoras.

En la oscuridad, el mundo es, supuestamente, «el mismo» que a plena luz. No obstante, puedes experimentar que cambia de manera radical según sea visible o no. Lo que llamamos «mundo», «realidad», «vida normal», se sitúa en una finísima capa, muy fácil de perturbar.

Pensar en todos los lugares del mundo

DURACIÓN: de 20 a 30 minutos

MATERIAL: ninguno

EFECTO: regocijante

stás cansado de estar donde estás. El lugar tiene sus límites, se repite, ya no tiene nada que te sorprenda o que, sencillamente, te interese. Estás más que harto de este lugar único, siempre idéntico a sí mismo, cerrado. Salir no cuesta mucho. Piensa en la infinita diversidad de lugares que existen, próximos o lejanos, en este mismo instante.

Sitios célebres: la plaza de San Marcos en Venecia, las murallas de Jerusalén, la entrada del Central Park por la Quinta Avenida, la basílica de Yamusukro, las Pirámides, la sirenita de Copenhague, la plaza de Mayo en Buenos Aires, el Coliseo, los Campos Elíseos, la Ciudad Prohibida, Beverly Hills, la plaza Roja, el Partenón, Trafalgar Square, el fuerte rojo de Delhi, Topkapi... una lista indefinida, interminable, de movimientos, de plazas, de edificios, de cafés, de estatuas, de lugares importantes de cualquier tipo.

No es suficiente. Piensa también, hasta el vértigo, en la multitud infinita de sitios modestos. Espacios anónimos, sin arrogancia: patios interiores, placitas, callejas, callejones. Incluso rincones humildísimos: cobertizos, graneros, buhardillas, bodegas, sótanos, armarios, garajes. En el bochorno de los trópicos, la sequedad de los desiertos, el húmedo frío de las regiones brumosas. En palmeras o abedules, cactos o viejos abetos, arena blanca, rocas rojas, barro, nieves eternas, la prístina blancura de la espuma sobre el azul profundo del océano.

Y también, hasta el éxtasis, en la lista inagotable de lo que hace la gente, toda la gente, en este momento, en todos esos lugares del mundo: aman, gozan, gritan, lloran, comen, mueren, duermen, sudan, sufren, se divierten, se sorprenden, envidian, viajan, cocinan, leen, regresan, cantan.

Puedes nadar en esta multiplicidad, dejarte llevar por esta diversidad sin fin. El sitio donde estás no es sencillamente uno en el infinito. Contiene todos los demás. Todo está por completo en tu mente. A tu disposición, siempre. Es tuyo y es de todos.

Mondar una manzana con la imaginación

DURACIÓN: de 20 a 30 minutos
MATERIAL: ninguno
EFECTO: concentrador

Por lo general, nos creemos capaces de imaginar la realidad cotidiana con bastante exactitud. Objetos que nos rodean, lugares familiares, alimentos, gestos realizados de manera repetida, todos nos parecen disponibles en nuestra mente. Pensamos que podemos encender la pantalla de nuestra conciencia (por así decirlo) y hacer que aparezcan en ella, con precisión suficiente, todas esas imágenes conocidas. Acaso nos cuesta algo más cuando se trata de evocar ruidos y, sobre todo, olores. Y, sin duda, es más arduo todavía revivir mentalmente algo relacionado con el tacto (caricia, roce, beso).

Pese a todo, podría ser que nuestra convicción de que podemos reproducir la realidad en nuestra cabeza —de un modo bastante fácil y bastante eficaz— fuera, en gran parte, una mera ilusión.

Para experimentar esta dificultad por lo común enmascarada, basta, por ejemplo, con intentar mondar una manzana con la imaginación. Parece un ejercicio sencillo. Te imaginas la fruta, el cuchillo, la incisión, la mondadura, y ya está. ¡Pues no! Primero, para que la imagen tenga alguna relación con la realidad, tienes que elegir una variedad de manzana, pensar con exactitud en su tamaño, color y textura particular. Debes tener en la cabeza una manzana de esa variedad, pero también, dentro de ella, una manzana singular, de modo que los matices de color, las partes acaso diferentes, más claras o más oscuras, o las marcas, las manchitas o los ínfimos repliegues se te aparezcan lo más claramente posible. Imagínate el cuchillo: ¿el mango es de madera? ¿De plástico? ¿De metal? ¿La hoja tiene muescas? ¿Es lisa? ¿Mate? ¿Afilada? ¿Es un cuchillo de cocina, un cubierto elegante, una navaja para excursiones, una faca rústica? Y luego, ¿cómo lo harás? ¿Jugarás a conseguir una mondadura única, girando la manzana sobre sí misma sin interrupción, sin romper el ritmo? ¿La cortarás primero en cuartos y después les quitarás la piel? Cada vez tienes que imaginar los movimientos con una precisión quirúrgica, una exactitud fotográfica. El objetivo que se debe alcanzar es que esta película exacta de la mondadura se desarrolle en tu mente plano a plano, imagen a imagen, segundo a segundo. Sin paradas, sin tomas falsas, sin errores. Sin planos borrosos, sin vacilaciones. Y, sobre todo, sin lagunas, sin repetir tomas. Prohibido añadir empalmes entre dos secuencias.

No lo conseguirás si no es con un gran entrenamiento, un dominio excepcional. Lo más probable es que pierdas el hilo. La manzana cambia de color o de forma, sus características no se mantienen, la mondadura no cae como debería, el cuchillo deja de seguir su camino, el movimiento se hace brusco, las imágenes aparecen entrecortadas, es difícil recuperarlas y encadenarlas sin que choquen unas con otras. Si repites varias veces esta experiencia, podrás comprobar que el resultado mejora. Es posible progresar, de una manera a veces lenta o relativamente penosa. En cualquier caso, es un buen ejercicio de concentración. Pero, ante todo, esta experiencia puede ayudarte a constatar hasta qué punto nuestra mente es poco fiel a la realidad, poco capaz de retenerla o de reproducirla de un modo correcto, y presuntuosa cuando imagina poder hacerlo.

Imaginar órganos humanos amontonados

DURACIÓN: de 30 a 40 minutos
MATERIAL: láminas anatómicas (opcional)
EFECTO: despiadado

l principio del que partimos es sencillo. Una mano con vida, en un cuerpo humano, no tiene nada de angustioso. Apenas atrae tu mirada. O bien, si algo en ella te llama la atención (su delicadeza, su finura o, por el contrario, su aspecto regordete, cuadrado, demasiado corto), es de una manera significativa, viva, portadora de asociaciones de ideas inmediatas. Por el contrario, una mano inerte, separada del cuerpo, aislada, de entrada te dejará sin habla. Cuando no es una mano muerta, sino un molde en yeso de una mano célebre (la mano de Voltaire, la de Chopin, etc.), el efecto puede ser apabullante. Los hombres de Sajalín tiraban la mano seccionada de uno de ellos en los cargamentos que partían de la isla para decirle al mundo que aún existían.

El efecto también es diferente, y mucho peor, cuando varias manos (imagínese unas manos de yeso, cartón o madera) están amontonadas, unas encima de otras, como si fueran objetos. Cuando imaginamos fragmentos de cuerpos humanos, todos del mismo tipo, amontonados sin orden ni concierto, como objetos carentes de función, trozos sin identidad, el malestar que experimentamos es muy especial. No tiene nada que ver con el de las carnicerías. Puede que atravieses grandes mercados de carne con asco y una repentina fatiga, pero esa exhibición monótona de carnes muertas te parecerá que tiene sentido. Sabrás que es algo usual.

Cuando te imaginas un montón de manos, o un montón de brazos, o un montón de pies, no sabes qué hacer con esta imagen. Porque cada mano o cada pie llama a un cuerpo, reclama estar unido a un miembro, recolocarse en un conjunto. Y también porque el propio montón los paraliza de otra manera. A la absurda soledad del órgano se añade otro horror: el de estar dentro de una masa absurda de abandonos similares. Es una semejanza que no sirve para nada. En efecto, podemos comprender que las tuercas iguales se guarden juntas, como cualquier otra categoría de objetos. Pero no hay ningún motivo humano comprensible para que se amontonen los órganos humanos.

A falta de poder contemplar realmente tales imágenes, puedes aplicarte a crearlas con la mente. Imagina que aquí, justo enfrente de ti, se amontonan piernas, unas cien, solo piernas aisladas, de distintos colores de piel, de distintas edades, gruesas, redondas y arrugadas, pequeñas y gordas con varices, peludas y depiladas, lívidas y coloradas, azuladas y sanguinolentas, apuntando en todas direcciones. Mira los dedos separados y los que se encabalgan, las uñas que han saltado, las venas en los tobillos, las rodillas que sobresalen o se difuminan.

Puedes repetir esta experiencia con dedos, con hombros o con senos. Puedes intentar proseguir con corazones, pulmones o hígados, pero el resultado, aunque quizá sea más desagradable, no es tan perturbador como imaginarse cabezas, caras desfiguradas, ojos cerrados o abiertos, labios azules, cabellos en su mayoría pegados. Incluso puedes concebir un mundo donde la humanidad, en vez de seguir viva normalmente, hubiera sido despedazada y colocada formando montones en todos los cruces de caminos, de manera que los órganos amontonados señalasen, a lo largo de las carreteras, el triunfo de un orden nuevo.

Creerse a gran altura

DURACIÓN: de 15 a 30 minutos

MATERIAL: habitación cerrada

EFECTO: ascensional

stás en un lugar cualquiera a baja altitud. A nivel del mar, o un poco por encima. La experiencia consiste en intentar hacer subir todo cuanto te rodea a una altitud considerable, por ejemplo a cuatro mil metros. Pura autosugestión. Nada de lo que ves a tu alrededor se modifica radicalmente. Es mejor escoger una habitación cerrada, preferiblemente sin ventanas, en todo caso sin vistas al exterior. Solo tienes que ir internándote poco a poco en una luz más transparente, más liviana. Tu respiración se irá haciendo más profunda y más rápida: el oxígeno se va enrareciendo. A ser posible, sientes unos ligeros picores en el interior de la nariz. Las sienes te laten con fuerza. Puede que tengas breves vértigos, la sensación de tener la cabeza brumosa. Te esforzarás sobre todo en sentir una ligera opresión en la zona del corazón. Casi permanente, y un poco más fuerte si te mueves. Notarás con claridad que tus movimientos son cada vez más lentos, tus gestos menos vivaces. Incluso tus pensamientos se encadenan cada vez peor.

Es posible que no consigas producir estos efectos de entrada. No dudes en volver a empezar. Si repites varias veces el mismo intento, el resultado puede mejorar claramente. Con un entrenamiento suficiente, puedes conseguir este efecto de altitud casi sin posibilidad de fracaso.

Falta saber para qué. Las impresiones creadas de esta manera son relativamente desagradables. El beneficio aparente es nulo. El cambio de altitud, a primera vista, no nos deja ver nada nuevo. No engendra un acceso particular a unas realidades ocultas bajo la superficie de las evidencias. Entonces, ¿para qué sirve? ¿Por qué alucinar, esforzarse tanto, convencerse de tantas cosas falsas? Ganarás, al menos, algunas dudas sobre la objetividad. Y, sobre todo, esta convicción: es posible, al menos en algún momento, soñar el mundo con el cuerpo. Después de todo, no es una constatación desdeñable.

20

Imaginar que nos morimos

DURACIÓN: de 5 a 10 minutos
MATERIAL: ninguno
EFECTO: liviano

n cualquier momento podemos desaparecer repentinamente. Imagínate, pues, como hace tanta gente, que, cuando subes a un avión, estás en peligro de muerte. O cuando emprendes un largo viaje en coche. O cuando el tren se pone en marcha. También puedes morir atropellado por un autobús, un camión, un coche, incluso una moto. Hay accidentes inverosímiles acechándote por todas partes, a cada segundo. En realidad, si lo piensas con calma, no tienes ningún motivo para no temer una muerte próxima. Si descartas tal hipótesis, no es solamente por el malestar que te crea. Es, sobre todo, porque la posibilidad te parece muy lejana. Y tienes razón. Tus probabilidades de seguir vivo dentro de una hora (e incluso mañana) son relativamente elevadas. ¿Por qué, entonces, preocuparse por una eventualidad tan improbable?

El problema es que tu muerte es una certeza. No el día ni la hora, por supuesto. Pero es inevitable del todo. Segura, sin falta, sin excepción. Por lo tanto, tienes que imaginar tu propia desaparición, que es infalible. Intenta imaginar tu agonía, tu cadáver, tu entierro, cómo se pudre tu cuerpo, tu esqueleto. Visualiza la tumba, los líquidos inmundos. Sé consciente de que no volverás a ver la luz del día ni la redondez del mundo. Se te habrán acabado para siempre los vientos tibios, las humedades, los destellos, los colores y los perfumes. Nunca más tendrás otras pieles que acariciar o mordisquear.

Es posible que estas ideas te produzcan tristeza. Seguramente te aliviará saber que esta desazón es absurda y, en realidad, carente de objeto. En estas morbosas elucubraciones, te supones vivo y muerto a la vez. Estás muerto, de lo contrario no estarías enterrado ni en proceso de putrefacción. Al mismo tiempo sigues estando vivo, capaz todavía de sentirte afectado por sensaciones y emociones. Ahí es donde reside el error. Es en tu cabeza presente, en tu cuerpo en vida, donde existen estas imágenes. Cuando estés muerto, ya no existirán.

No podemos imaginarnos muertos. Siempre será un pensamiento de persona viva. Toda nuestra imaginación está en la parte de la vida. Aunque sea morbosa, sepulcral, vampírica, aunque esté llena de telarañas y ataúdes bajo tierra, la imaginación no tiene ninguna relación con la muerte. La imaginación, estrictamente hablando, no tiene nada que ver con ella. Solo hay un universo. Que no tiene exterior. Lo que pensamos sobre su exterior lo pensamos en el interior, y no hablamos en modo alguno del exterior. ¿Te tranquiliza eso? Evidentemente no, pero ahora has vislumbrado una diferencia entre vida y filosofía. La primera siente pánico, se conmueve, se impacienta, se excita. La segunda está convencida de que todo puede arreglarse si se piensa en ello de la manera adecuada. Y eso es falso. O al menos ambiguo.

21

Intentar medir la existencia

DURACIÓN: la vida entera

MATERIAL: metros, balanzas, tensiómetros, aceleradores de partículas, etc.

EFECTO: vano

Antiguamente el mundo tenía muy diversas longitudes. El peso cambiaba de una provincia a otra. La variedad de medidas era tal que nunca se sabía exactamente cuánto pesaba un pan o cuáles eran las dimensiones de una puerta. Lo cotidiano era aproximativo y estaba mal ajustado. El mundo se había matematizado, en principio. Sin embargo, subsistían grandes zonas de incertidumbre y vacilación. Ahora todo eso ha cambiado. Las normas son fijas, los patrones están unificados. No cesamos de medir las cosas que nos rodean. Prepara una tarta, las cantidades pesadas son exactas. Decora una habitación, arregla un motor, construye una maqueta, organiza un huerto, siempre hay una medida que tomar, cálculos que realizar. Les concedes más confianza (y con razón) que a tus propias estimaciones. No hay viajes sin planos, jalones, cartas de vuelo, sextantes, brújulas, altímetros, taquímetros, satélites, radares, GPS y otras máquinas futuras. A tus hijos los mides, los pesas, los analizas. Tú mismo te sometes regularmente a estos recuentos: análisis de sangre, orina, excrementos, esperma, extracción de células, de trozos de piel, radiografía, biopsia, endoscopia. Te evalúan, pesan y examinan desde todos los ángulos. Miden la cantidad de óxido de carbono en el aire que espiras, la cantidad de albúmina o potasio que orinas, la cantidad de grasa o azúcar que corre por tus venas. Se preocupan, o te preocupas tú, o ambas cosas, por tu peso, tensión arterial o índice de glucosa.

Todos estos recuentos son útiles. Pero también tienes que experimentar con el pensamiento de que su carácter es secundario y vano. Pregúntate, por ejemplo, cómo se mide la existencia. ¿Con qué instrumento? ¿Según qué unidad? ¿Siguiendo qué código? ¿Con qué puntos de referencia? ¿Dirás que tu existencia se mide adecuadamente en: metros recorridos a pie, kilómetros recorridos en coche, años, días, horas y segundos, latidos de corazón, litros de sudor, orina o sangre, kilos en tu cuerpo, kilos de patatas o carne, litros de vino, papel escrito, tiempo perdido, amor dado, amor recibido? ¿Cómo se mide tal cosa?

Los números cubren el mundo y enmarcan la realidad. La vida puede describirse con series de ecuaciones, una complicada trama de dimensiones, masas y fuerzas. Todo eso, no obstante, no permite medir la existencia.

Contar hasta mil

DURACIÓN: de 15 a 20 minutos

MATERIAL: ninguno

EFECTO: crítico

Aparentemente no hay ninguna sorpresa. Contar hasta mil te llevará cierto tiempo (unos quince minutos, o sea, unos novecientos segundos) y debería ser algo monótono. Todo parece previsible, se anuncia rutinario. Te esperas un ejercicio mecánico y sin sobresaltos.

No es así. No podemos escapar de unas fuertes fluctuaciones. Hay senderos cómodos, bajadas, largas pendientes en línea recta, como las antiguas carreteras nacionales bordeadas de álamos o grandes plátanos, pero también hay colinas, subidas, curvas en cuesta, sobre todo al aproximarse a las estribaciones del quinientos. Esperabas descubrir cifras, y ahí estás ahora embarcado en un viaje por la infancia, las clases en la escuela, anécdotas de tintero, uniforme y patio, y la merienda en la cartera. Vuelves a ver las montañas rusas, las norias, los ceros en conducta. Estás contando en blanco y negro.

Iba a ser una cuestión de rutina, una operación mecánica. Se está convirtiendo en una aventura difícil de controlar. ¿Me he equivocado de decena? ¿Se me ha olvidado una unidad? ¿Una centena? ¿He cometido un error, ahora mismo, cuando estaba pensando en otra cosa? En vez de ser fácil, continuo y ordenado, el recorrido de uno a mil está plagado de baches, de trampas. En cualquier momento puedes zozobrar, definitivamente, hundirte en una laguna. Perderte, farfullar, empezar de cero. ¿Indefinidamente?

No, ya estás terminando. ¿Qué has aprendido? Una única cosa: mil ya es un gran número. Puedes recorrerlo, pero se necesita tiempo, un cuarto de hora largo, con altos y bajos. Queda excluido que puedas abarcar este número en su totalidad, contemplarlo de un solo vistazo. Cuando hayas terminado de contar, piensa que mil años o mil personas son conjuntos enormes. Piensa que mil por mil está por completo fuera del alcance de tu imaginación y que, con mayor motivo, mil millones (mil por mil por mil) es una cifra que solo le habla a tu razón y en absoluto a tu sensibilidad. Es tanto que no sabes cuánto es. Piensa entonces, por un instante, en la humanidad actual.

Temer la llegada del autobús

DURACIÓN: de 5 a 10 minutos
MATERIAL: una línea de autobús
EFECTO: alivio

a espera tiene dos facetas. Ocasión de calma, de contemplación: para que llegue el momento esperado, no hay que hacer nada salvo esperar. Esta pasividad puede ser fuente de regocijo. El tiempo transcurre de todos modos; esta certeza es tranquilizadora. La espera también puede aterrorizar: lo que surgirá nunca es, por definición, del todo controlable, nunca es completamente previsible. Experimenta este miedo sin objeto definido, aplícate a extenderlo, a aumentarlo como con lupa, a hacer que crezca tanto en intensidad como en duración.

Instálate en una parada de autobús. Muchas veces se produce un momento de vacilación antes de que llegue el autobús. No sabemos con exactitud cuánto tiempo tendremos que esperar. El autobús está atascado en un embotellamiento. Ha sufrido una avería. Una manifestación imprevista lo ha retenido más de la cuenta. Llegarás tarde. Tendrás que buscarte otro medio de transporte, dar explicaciones, telefonear para avisar, incluso modificar tu horario. El día entero corre peligro de hundirse bajo una serie de retrasos en cascada. Estás viendo cómo se forma la posibilidad de una larga serie de episodios caóticos.

Empieza por esta inquietud menor y banal. Divaga, haz

variaciones sobre el tema. Dite a ti mismo que tal vez el autobús llegue tomado por unos terroristas, cargado de dinamita, con los frenos gastados. Desencadenará una serie de catástrofes imposibles de controlar: sin duda transporta un nuevo virus, un arma bacteriológica letal. El conductor es un extraterrestre, los pasajeros son sus cómplices. Todos los que han subido en las paradas anteriores ya han perecido entre grandes alaridos.

Continúa, exagera, desbarra. Poco importa que todo esto sea grotesco, que no te lo creas en absoluto, que puedas reírte y seguir convencido de que el autobús llegará pronto, un autobús común, sin sorpresas. Lo importante es que experimentes un pequeño recelo, un leve desprendimiento de la certeza. El mero hecho de imaginar estas suposiciones rocambolescas deja poso. La idea confusa de algún acontecimiento temible permanece como una ínfima fisura, una falla posible en el encadenamiento normal de los hechos.

Llega el autobús. Subes. Todo parece normal. ¡Uf! ¿Estás seguro?

Correr por un cementerio

DURACIÓN: 1 hora
MATERIAL: calzado deportivo, un cementerio grande
EFECTO: piadoso

Cementerios: perímetros pacíficos y pacificados. Su recinto es propicio para el recogimiento y para todo tipo de ensoñaciones. Hay flores y no hay nadie, ventaja doble. Algunas personas llorando, algunos jardineros. Todos están ahí por obligación moral. Muy pocos paseantes, aficionados, amigos de las tumbas y de los nombres escritos en las tumbas.

Probar a correr durante un buen rato en semejante lugar puede parecer sorprendente. Una provocación fuera de lugar, una broma absurda. Puede ser un delito, menor y no recogido en el código, capaz de suscitar reprobación y multa pagadera mediante cheque extendido a la orden del Tesoro público. O bien una ofensa al dolor de las familias, al respeto debido a los muertos, a alguna creencia no escrita pero unánimemente aceptada. La idea también puede parecer inaceptable por motivos que se juzgarán más profundos y menos formulables: cierto orden del mundo, un reparto de papeles entre vivos y muertos. Atenta inmovilidad de los vivos ante la inmutable quietud de los yacentes. Unos se mueven, los otros no. Convendría no acentuar el contraste. A este lugar donde reposan, sin gestos ni palabras, los que han vivido, no vengáis a gritar ni a gesticular. El corredor de entretumbas se expondría a la justicia inmanente.

No hay que dejarse impresionar. Hay que esquivar el obstáculo, sobreponerse a la incomodidad. El sentido aparecerá poco a poco, como siempre. En primer lugar, hay que ocuparse de las cuestiones prácticas: llevar buen calzado (muchas veces el sendero está lleno de guijarros, no es llano) y escoger un cementerio lo suficientemente grande. La mayoría de los cementerios de campo, agradables para pasear y deambular entre las sepulturas de familiares, no son en absoluto convenientes para las carreras.

Así pues, aquí te tenemos ya embarcado, por fin, en esta extraña experiencia. Al principio sientes, como es lógico, una especie de incomodidad persistente, la sensación de estar actuando de manera incongruente, fuera de lugar. Te imaginas a los esqueletos tumbados dentro del ataúd, unos encima de otros, amontonados, reducidos, húmedos, oscuros, casi todos olvidados. Y a ti te parece que tu paso ligero los cruza de manera inapropiada. Moverse así, a ritmo rápido, entre gente petrificada es algo que no se hace.

Puede ser útil instalarse en este desdoblamiento, y disfrutar de él. Después de todo, estás vivo, eres capaz de correr, y estás contento de hacerlo. Ellos no. Una lástima. Pero mejor para ti. Sangre caliente en las venas, un corazón que late. Ellos ya no saben nada de todo esto, están fuera del tiempo y de la vida. Tú, en cambio, te mueves por el mullido espesor del aire, con los pies arqueados tocando el suelo.

La experiencia solo es interesante si pasa este primer estadio. Poco a poco intentas disolver esta reserva mental que te alegra a expensas de ellos. A medida que avanzas, sientes que, en plena carrera, estás inmóvil. A fin de cuentas, no hay separación entre movimiento y reposo. Por largos y regulares que sean tus pasos y fuerte tu respiración, todo está habitado por lo inmutable. Lo que consigues presentir entonces, al menos, es la presencia de la inmovilidad en el movimiento, del reposo en la carrera. Y respeto en la transgresión. Tú no estás molestando a esos muertos. Al correr entre las tumbas, sin preocuparte por sus nombres ni por las conveniencias, los estás amando.

Divertirse como un loco

DURACIÓN: de 30 a 40 años
MATERIAL: una sociedad compleja
EFECTO: regocijante

¿Cómo se divertían los locos en los tiempos en que había locos y en que la gente se divertía? Se burlaban de todo y de todos, no les importaban las normas ni las conveniencias. Hablaban alto, se reían sin motivo. Escapar de los lugares fijos, ese era su destino. Podían atropellar a la gente y las costumbres. Nómadas, transgresores, recorrían caminos y ríos, vagaban entre las buenas costumbres y las obligaciones. Se les veía derribando imágenes pías, parodiando los sacramentos, burlándose de la autoridad de la santa Iglesia.

Haz tú lo mismo. Claro está que ya no tenemos ríos o carreteras donde se reúnan esas cohortes vociferantes. Si hoy en día intentaras tal expedición, pronto te encerrarían. Hay que encontrar otra cosa. Intenta, pues, ser crítico, cronista, escritor, novelista, artista, cineasta, músico, titiritero, algo así. Algo sencillamente desplazado. Haz lo posible por perturbar su época. No sueñes con darle la vuelta a la historia, pero siembra pequeñas discordias allí donde estés. Desorganiza los planes, crea lo inesperado, deshaz las previsiones. Pasa con obstinación por la sociedad sin obedecer, en el fondo.

Sin duda tienes que someterte a unas consignas, a unos poderes. Es muy posible que tengas que arrastrarte, por prudencia, por cobardía, o hasta por mera adulación, ante algún poderoso que otro. Dite a ti mismo que eso no tiene ninguna importancia. Puedes agachar la cabeza, por táctica, a veces, si estás seguro de que dentro de ti, definitivamente, hay algo que no se doblega nunca. Mantén con cuidado, y a largo plazo, tu espacio de maniobra. Aprende a actuar de soslayo. Maniobra como el alfil en el ajedrez: aparece sistemáticamente en una casilla en diagonal. Practica el paso ladeado, el paso de cangrejo, los atajos. Día a día, sin violencia. Acostúmbrate a buscar, para toda pregunta, la respuesta más incongruente, la que parezca menos conveniente. De vez en cuando llévala a la práctica. Y observa qué resultado tiene.

Lo que cuesta más, y más tiempo, para hacer el loco es llegar a considerar que no hay en verdad nada que sea serio. En el horizonte está ese punto donde todo, absolutamente todo, se vuelve en cierto modo risible: la existencia, la muerte, la humanidad, el amor, el universo, las hormigas, la escritura, el dinero, los trabajos, los cuerpos, el pensamiento, la política. Entre otras cosas. Sin olvidar la risa misma, la diversión, los locos.

Ver a alguien en la ventana

DURACIÓN: unos segundos
MATERIAL: al azar
EFECTO: soñador

stá pensativo, o está lavando platos. O mira la calle, o fuma. A veces observa las nubes. O bien tiende la colada. Tiene veinte años o sesenta, es rico o pobre, es guapo o feo. Te observa a ti, vuestras miradas se cruzan. O, por el contrario, solo verás su perfil o su mirada perdida. Tú también estás en posturas muy diversas. Puedes mirar desde arriba, desde la ventana de un piso superior, o desde el mismo nivel, o desde abajo, pasando simplemente por la calle. Le ves la cara con claridad, o bien solo el busto, de lejos, porque tiene la cabeza inclinada, o porque una cortina la oculta en parte. Distingues con claridad su ropa, el modelado del hombro, la carne del brazo. O bien solo adivinas una vaga silueta, casi una sombra, nada preciso. Da igual.

En todos los casos se te ofrece una misma emoción. Estás contemplando a un desconocido, en su casa, visible de manera fugaz y parcial. Su presencia es perceptible en el marco de la ventana. Evidentemente, no sabes nada de esa persona. Solo pasabas por allí. Lo más probable es que no suceda nada entre los dos. No será más que un sueño, una breve ilusión. Nada más. Lo sabes.

Pero eso no impide que te inventes una historia. Te ha visto, te hará una señal, tú acudirás a su encuentro, viviréis una historia imposible, una pasión terrible y dulce, imprevisible, providencial, obscena y tierna a la vez. La otra persona también lo habrá sabido desde el primer segundo, como se saben las cosas imposibles, las que no se entienden pero lo deciden todo, repentinamente y para siempre.

Inventarse otras vidas

DURACIÓN: unos meses
MATERIAL: ninguno
EFECTO: desorientador

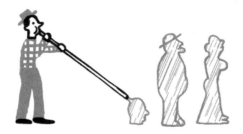

Solamente se vive una vez, solemos decir. Hay quien afirma, sin embargo, que ya hemos seguido varias veces el curso de la existencia. No importa. Tú mismo puedes multiplicar tus vidas, experimentar cómo proliferan. Para ello hay que llevar a cabo una experiencia relativamente larga, bastante absorbente, pero cuyos efectos bien valen el tiempo que le hayamos dedicado.

Sistemáticamente, durante varias semanas, haz el esfuerzo de inventarte otras vidas. Dile a tu nuevo peluquero que, antes de repartir pizzas en Nueva York, fuiste taxista en Detroit. Descríbele a una prima lejana tuya tus años como profesor en Australia. Recuerda junto a tus sobrinos lugares que desconoces, oficios que habrías podido ejercer (después de todo, ¿por qué no?), grandes y pequeñas aventuras, cazas del snark y puertos en la bruma.

Hazlo bien. No te quedes en una simple chapuza. Haz referencia varias veces a las mismas historias. Adorna las anécdotas, añade detalles, completa los espacios en blanco, borra lo que pueda resultar inverosímil. Prosigue las mismas historias con las mismas personas. Procura no hacerte un lío. Si es necesario, toma notas, haz fichas, documéntate. Persevera.

Al cabo de unos cuantos meses ya estarás familiarizado

con estas vidas posibles. Habrás contestado a muchas preguntas y dado un buen número de explicaciones. Habrás descrito, narrado, ampliado, repetido episodios clave de tus distintas biografías yuxtapuestas. Y, sobre todo, habrás formado a unas gentes convencidas de la veracidad de lo que les hayas contado, que podrán contárselo a otros y presentarte con la personalidad que tú te hayas forjado. Ellos se la creen.

¿Por qué no tú también? El punto al que conviene llegar es aquel en el que dudes de que todo sea falso, en el que ya no distingas la frontera entre tus ficciones y tu auténtica vida. O mejor, aunque viene a ser lo mismo, el punto en que puedas decirte a ti mismo, sin violencia ni repentina locura, que aquello que antes solías considerar como tu «auténtica vida» no es, en realidad, nada más que una ficción entre otras tantas. Ni más ni menos.

Mirar a la gente desde un coche

DURACIÓN: de 10 a 40 minutos
MATERIAL: un coche, un conductor, una gran ciudad
EFECTO: hombre invisible

ay que ser pasajero para probar esta experiencia. Cuando conducimos, la atención está necesariamente movilizada por el coche, los gestos que hay que realizar, la seguridad que mantener. Imposible dejarse absorber por el espectáculo que nos rodea. Por el contrario, cuando conduce otro, nada nos impide fundirnos por completo en el deslizamiento furtivo de la mirada. Pasiva, soñadora, flotante. Moviéndose sin necesidad de moverse, avanzando por el aire más o menos deprisa, observando sin ser visto, el pasajero de un coche se halla en una excepcional situación de observador.

Así pues, te subirás en el asiento trasero de un taxi, del coche de un amigo (en realidad, poco importan las circunstancias) y te dejarás llevar por el movimiento. Es mejor estar en una gran ciudad. Decide que te encuentras sobre una especie de alfombra voladora, un baúl flotante a ras de suelo, desde el que ves desfilar el mundo sin ser realmente visible. Vas pasando entre la gente. Ellos no te ven. Captas un gesto de sus vidas, un interrogante, un momento de ansiedad, un instante de nerviosismo, un deseo, la espera. La ropa, los pasos, los culos, los hombros, las edades, el pelo, las tiendas, las fatigas, todo desfila ante ti. Y de pronto, al fondo, allá donde todo se mezcla y se transforma, una mirada imposible de olvidar. O el perfil

95

perfecto de una mujer de la que nada sabrás jamás. Emociones de un instante, de baratillo, unos «para siempre» instantáneamente olvidados.

Entre tú y esos cuerpos vivos, esas existencias atravesadas por dramas, preocupaciones e innumerables proyectos, un cristal y el movimiento. Puedes abrir la ventana, desde luego. No harás sino pasar. Repite la experiencia a menudo, en lugares distintos. Varía, si puedes, de país y continente. Saca la conclusión que quieras. Hay varias.

29

Seguir el movimiento de las hormigas

DURACIÓN: 30 minutos aproximadamente

MATERIAL: un hormiguero

EFECTO: reflexivo

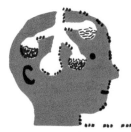

Todo el mundo lo ha hecho alguna vez, pero sigue funcionando. Observar durante un buen rato una columna de hormigas siempre da que pensar. Permanece atento a su metódica obstinación. Estudia con atención, aunque lo hagas por centésima vez, cómo van una detrás de otra, se cruzan, dibujan la red regular de un camino en movimiento. Implícate en el dibujo general de los itinerarios, en las minúsculas variaciones individuales, en las efímeras vueltas atrás. Detecta los inevitables heroísmos y las cargas inverosímiles.

Y repite al respecto las meditaciones más triviales, esas a las que todo el mundo ha recurrido una y otra vez. Pregúntate cómo se puede concebir una vida semejante. Medita la idea de una comunidad biológica, una sociedad sin lenguaje. Quédate perplejo al pensar en lo que puede ser una ciudad sin humanidad. Pásmate ante la representación de un organismo constituido por una multiplicidad de individuos. Relee *Micromegas*, Jean-Henri Fabre, *Bouvard y Pécuchet*.

Intenta en fin imaginarte hormiga. Empujando una miga de pan, cayendo en picado desde una piedra, esquivando un fragmento de botella rota. ¿Cómo sabes adónde vas? ¿Cómo conoces las tareas que debes realizar? ¿Tienes hambre? ¿Qué quiere eso decir? ¿Qué piensas? ¿Y qué quiere eso decir? ¿Qué se siente al ser hormiga?

Sabes que estas preguntas son irresolubles. Existen mundos yuxtapuestos, paralelos, estancos, no comunicantes, sería un error hablar de un universo único. El planeta hormiga no es la Tierra de los seres humanos. Ni siquiera está incluido en ella, apenas está situado en ella. De ahí llegarás a la conclusión de que la pluralidad de mundos se encuentra ante tus ojos, continuamente, aunque no lo entiendas en absoluto.

Experimentarás, en suma, que las hormigas no suscitan ideas nuevas, ni mucho menos interesantes.

Comer una sustancia sin nombre

DURACIÓN: unos minutos
MATERIAL: algo comestible y anónimo
EFECTO: turbador

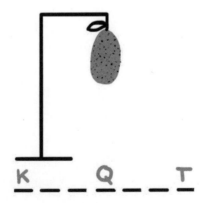

K _ _ _ Q _ _ T

Como siempre, es trivial al principio. Solamente cambia el hecho de prestar atención, instalarse. Penetrar en el instante. Hurgar lo que pasa en ese momento sin interés especial. Profundizar en un gesto, una sensación. Descender tanto como se pueda. A veces hay que renunciar, pues no encontramos nada que valga la pena, llegamos siempre a un callejón sin salida. A veces, en cambio, saliendo de una galería subterránea, nos tropezamos de repente con una sima, una caverna, una inmensa gruta oscura que se extiende bajo la superficie.

Ejemplo: muchas veces habrás comido un alimento cuyo nombre desconocías. Puede que ni siquiera te hayas dado cuenta. Las circunstancias pueden ser variadas: un país cuyas costumbres y cuyo idioma desconoces, un exotismo regional, un plato típico, una comida en casa de alguien, una visita a una tienda de comestibles muy exótica. En resumen, alguna vez has comido algo que no sabías nombrar, algo de lo que no podrías decir a un amigo: «He comido un... o una...». Deberás utilizar una larga perífrasis, describir el color, la textura, el aroma, el sabor mediante una serie de comparaciones y combinaciones. «Se parece al... pero menos... y más... con el aroma del... pero el sabor de la... y el color de la...»

La próxima vez que se te presente esta ocasión, en el mismo momento en que estés probando «la cosa», detente. Observa exactamente qué está pasando. No importa si el sabor te parece agradable o no. Es mejor que te guste, para poder preguntar: «¿Qué me falta cuando me falta el nombre? El sabor está íntegro, no le falta de nada. Como tampoco les falta nada a los demás aspectos de esta comida». Sin embargo, por el mero hecho de que no puedas nombrarlo, ese alimento te parecerá en cierto modo anómalo. Incompleto, incongruente, inclasificable, mientras no sepas cómo se llama.

En cuanto consigas darle un nombre, la situación será distinta. Te seguirá gustando o no, igual que antes. Reconocerás todas las cualidades anteriores, pero desde una óptica distinta. La cosa habrá entrado en la red de elementos dominada por las palabras, se insertará en la continuidad de puntos de referencia proporcionados por las denominaciones.

Sería excesivo decir que conocer el nombre cambia el sabor. Pero seguro que altera nuestra actitud con respecto al sabor, nuestra manera de considerarlo. No cabe duda de que saboreamos de manera más interrogativa, más atenta y vacilante aquel alimento cuyo nombre desconocemos. Por el contrario, una vez que lo sabemos, nos comemos el nombre, ingerimos capas de lenguaje, digerimos lonchas de vocablo.

Entonces, a su vez, puede surgir la sospecha de que siempre estamos comiendo más palabras que alimentos. Nuestro apetito es tan lingüístico como gástrico. La lengua que paladea no solamente es la que está en la boca. Está en los diccionarios.

Observar el polvo en un rayo de sol

DURACIÓN: de 15 a 30 minutos
MATERIAL: habitación, rayo de luz
EFECTO: tranquilizador

Una habitación bastante oscura. Contraventanas casi cerradas. A través de persianas entreabiertas, un rayo de luz. Sol crudo, cortante, rayos del alba o del atardecer, inclinados. En la luz que cruza la sombra aparecen innumerables puntos brillantes. Sin duda es uno de los espectáculos más emocionantes, más de ensueño que nos sea dado contemplar a los seres humanos. Giran, bailan, pasan y vuelven a pasar miles de ínfimos destellos que retienen y reflejan el brillo. Puntos, palitos, microscópicas plumas, mínimas borlas, minúsculas cosas volátiles, ligeras, danzantes, pasan por la luz de manera sublime, seria y alegre, terriblemente ajetreada, agitada por torbellinos e itinerarios imposibles de seguir, trayectorias fragmentadas, puros destellos de existencia.

Lo más arrebatador, en este milagroso centelleo, es la densidad. Deja aparte los recuerdos de infancia, los juegos de otras épocas, las casas en el campo, el olor de los armarios (si es el caso). Fíjate solo en esas asombrosas partículas. De pronto, la frontera entre la luz y las tinieblas resulta tan evidente, nítida y directa que casi creemos poder tocarla. El hormigueo de las partículas aparece y desaparece a cada lado de la frontera. Ahí es donde podemos soñar.

Pocas experiencias tan sencillas dan con tanta intensidad la sensación de ver como se revela, de repente, un mundo invisible. En el rayo de luz se deja ver un fragmento de espacio diferente, insertado en el nuestro, un universo que está al otro lado, del revés, en la otra cara. Que de repente se ha vuelto visible irrumpiendo como un ladrón. ¿Cómo sería el mundo si se viera brillar el polvo siempre, en todas partes, interminablemente? ¿Acaso no hay siempre, en todas partes, interminablemente, un estrato invisible y presente a la vez? ¿Otra cara a la que podríamos llegar, otro espacio encajado en el que conocemos?

¿Y si solo nos faltase saber cómo se abren las contraventanas?

Resistir el cansancio

DURACIÓN: variable, varias horas
MATERIAL: ninguno
EFECTO: sutil

Vida y cansancio se confunden. Es inútil soñar con un reposo puro, en el que se olviden los esfuerzos, se ignoren las tensiones. La vida se expone de continuo al gasto de energía, al cansancio, a las agujetas reales o imaginarias. Perseverar es causa de fatiga, si es que por ella entendemos la consecuencia del esfuerzo y no la depresión. Hay demasiada gente que se imagina un agotamiento triste, una fatalidad agobiante que abruma y ahoga. Se sucumbe a ella harto de lidiar, definitivamente, vencido por la falta de fuerzas, abatido, incapaz de escapar.

No se necesita gran cosa más para que la fatiga sea un océano de brumas donde desaparecen bienes y personas, una cloaca, un auténtico cenagal del que no se regresa jamás. A los que están muy cansados pronto se les dará por desaparecidos. Naufragan de manera lenta y regular. En el mundo rural siempre se ha sabido: decir que alguien está «cansado» es dar a entender que morirá dentro de poco tiempo.

Hay que combatir esta idea de una gran decadencia, de un abatimiento sin retorno. Rechazar, en primer lugar, la idea de que solo existe una fatiga. Distinguir cansancios de todo tipo, que casi nada tienen en común. Diferenciarlos y llevar a cabo la experiencia de resistirse a ellos acompañándolos. Porque uno de los medios más eficaces para resistir un cansancio no es encabritarse, reunir las últimas fuerzas para aguantar un poco más contra las olas. Por el contrario, hay que acompañar el cansancio. No resistírsele de frente, aprender a navegar siguiendo la corriente. No considerarlo como un obstáculo, sino como un medio para avanzar, un vehículo, un instrumento de navegación. Ejercítate en saltar de un cansancio a otro. Acostúmbrate a compararlos. Intentarás encontrar las cualidades de cada cansancio que más te convengan, y aquellas de las que no debes fiarte. A tal efecto podrás practicar andando cuando haga mucho calor, durmiendo poco rato, trabajando sin cesar, sin descanso, con exceso, haciendo demasiadas cosas al mismo tiempo, haciendo el amor más y más y otra vez y de otra manera, intentando hacerlo todo siempre y todo el tiempo.

De todos modos, siempre llegará un momento en que te detengas. La pregunta subsidiaria es saber si este último pensamiento te tranquiliza o te inquieta.

Comer demasiado

DURACIÓN: 2 o 3 horas

MATERIAL: comida en abundancia

EFECTO: fluctuante

l motivo no importa. Comida con los amigos, compromiso social, ceremonia de familia, apetencia repentina, parada gastronómica, maravillosa y rica región de Francia... Hay muchos y muy variados motivos para hallarse en esta situación habitual en nuestros opulentos países: comer demasiado. El caso es que no te sientes muy bien del todo. Por ejemplo, notas la barriga hinchada, la cabeza pesada, las ideas espesas, la boca más o menos pastosa. Entre los variados malestares que puedes tener como suplemento se encuentran: jaqueca, palpitaciones, sudores, escalofríos, aerofagia, hinchazón.

La experiencia consiste en apoderarse de esta ocasión que te brinda el azar para transformarla en viaje de aprendizaje. Empieza descartando toda consideración relativa a tus posibles resoluciones, toda forma de resentimiento hacia las personas que han provocado esta situación. No te culpes a ti ni culpes a los demás. Mira las cosas tal como son: has comido demasiado, más de lo que tu cuerpo puede soportar sin sentir molestias. Es un hecho. Y ya está. A partir de ahí, déjate llevar por la situación.

Sigue, sin resistir ni reflexionar, las numerosas fluctuaciones por las que vayas pasando: abatimiento, despertar, sopor, lucidez, niebla, luz, pesadez, relativa ligereza. Presta atención a

la lenta lucha que se ha iniciado, en el interior de tus intestinos, entre la masa de alimentos ingeridos y la reconstitución
de tu integridad corporal. Una vez más: en lugar de vivir estos
inconvenientes como una desagradable fatalidad, conviértelos
en el punto de partida de una exploración, aunque sea tosca, de
tu relación con la realidad.

Observa, por ejemplo, los estados modificados de conciencia que engendra el *cassoulet*, la forma específica de atonta-
miento ligada a la brandada, los sofocos suscitados por el *foie
gras* fresco pasado por la sartén. El objetivo de estas observaciones no es el de redactar un informe sobre los efectos com-
parados de cada tipo de receta. Más bien tu misión será la de
seguir la ambigua navegación de tu propia identidad por los
meandros gástricos.

Sin duda, tú no eres «el mismo» a cada momento diferente,
en tales circunstancias. Pregúntate simplemente dónde que-
damos nosotros y dónde quedan los grandes discursos sobre el
libre albedrío, la conciencia, la persona, la razón, la ley moral
y otros grandes y hermosos temas, si unas cuantas féculas nos
hacen cambiar de universo y un poco de grasa nos deja por los
suelos. La agudeza del espíritu cede ante unos platos. Conviene
no olvidarlo.

Hacer el animal

DURACIÓN: de 10 a 20 minutos (se debe repetir)

MATERIAL: ninguno

EFECTO: mutante

ierra la puerta. Mientras dura esta experiencia es indispensable que nadie te moleste. Cuando estés seguro de que estás solo y tranquilo, comienza a imitar el animal que más te apetezca. Por ejemplo, respira como un perro, con la lengua colgando, haciendo un ruido ronco con la garganta cada vez que expulses el aire. Husmea la alfombra ruidosamente, concéntrate en las patas de los muebles, gira sobre ti mismo, túmbate apoyando una mejilla en el suelo, mordisquéate el codo o el antebrazo, etc. O bien, según tu talento o estado de ánimo, maúlla, cacarea, bala, da bufidos, relincha, muge. Y haz los gestos correspondientes.

¡No imites! El objetivo no es reproducir sonidos o representar actitudes. Tus posibles dotes de imitación no te serán aquí de ninguna ayuda. Incluso serían más bien un obstáculo. Porque se trata de meterse «en la piel» del animal que hayas escogido. Déjate fluir. Controla poco, o nada en absoluto. Según las necesidades del momento, ponte a gruñir o a gemir. Desacompasa la respiración, arrástrate por el suelo. Frótate la cabeza en la pared, o en el suelo. Suelta babas, lámete, haz gestos pesados, o aéreos. Esfuérzate, si es necesario, en cambiar de dientes, de músculos, de olor. Ten garras, pico, pelo, cuernos, según convenga. Tantea hasta encontrar en ti esos extraños caminos. Deberás repetir la experiencia para avanzar más. No hay resultados garantizados. Nada que entender. Todo que experimentar.

En todo caso, muy pronto te darás cuenta de que algunos caminos son practicables, otros imposibles. Así, es relativamente fácil ser lobo, león o elefante, o bien hiena, antílope, oso blanco. Más allá de los mamíferos se extienden zonas poco accesibles, salvo excepciones o individuos con grandes dotes naturales. Convertirse en hormiga, garrapata, mosca, araña, etc., siempre es muy difícil. Serpientes, lombrices, invertebrados en general también son de difícil acceso. Los vastos territorios de peces, pájaros, moluscos no dan mucho pie al transformismo de aficionado. Por no hablar del inmenso imperio de las bacterias, que está cerrado casi por completo.

En resumen, el mundo es muy pequeño.

Contemplar un cadáver de pájaro

DURACIÓN: de 10 a 15 minutos
MATERIAL: un pájaro muerto, preferiblemente varios días atrás
EFECTO: meditativo

os hay por todas partes en el campo. En primavera sobre todo, o en pleno verano. Si tenemos la costumbre de pasear, es inevitable encontrarnos alguno. Es una cría que ha caído del nido o un pájaro joven atacado por un ave rapaz y que no ha sobrevivido a las heridas, o un adulto al que han disparado y se ha refugiado en un rincón tranquilo para morir. No te preocupes por las causas. Ni del cómo ni del porqué. En lugar de pasar de largo dejando al pájaro muerto donde está, esta vez lo contemplarás.

Mira con atención las plumas descoloridas, a menudo recubiertas ya de polvo o un poco de tierra. Observa el ojo grisáceo o blancuzco, vaciado tal vez, y las hormigas que van y vienen, o algunos gusanos. Fíjate en las partes inertes, abandonadas, deshechas. Busca los huesos, tan visibles, tan finos. No olvides sobre todo la vejación, la ruina, esa manera enlodada e ingenua en que un pájaro es un cadáver en tierra, humillado, propiamente, pero que lo ignora por completo y se refugia en una profundidad ajena al sueño.

Sin duda, si miras con atención, con los ojos bien abiertos, al principio el espectáculo te parecerá triste. Una vida que se ha apagado. Un cuerpo fuera de lugar, un pájaro que yace en el suelo, inmóvil. Algo así como la derrota total, el fracaso. La experiencia debe consistir en salir de ahí mirando cada vez más clara y más distintamente.

Ves que el pájaro no revivirá nunca. Y también que no siente nada. Y que es así, sin quejas ni lamentos. Sin nostalgia ni recriminación. Cuanto más lo mires, más sabrás que, en la presencia de ese cadáver, no hay nada que pueda dar pie a un lamento. No hay más que el presente. Y tú empiezas a saber que es perfecto. Porque es lo único.

De entrada no es comprensible. Quizá sea que, en rigor, no es algo que se pueda comprender, sino solamente experimentar. En cualquier caso, lo que comprobarás, si abres los ojos lo suficiente, es que no hay ningún otro mundo que ver. Que todo, absolutamente todo, está aquí, ahora. En el presente, dado. Nada más allá, antes, en otra parte en el tiempo o en el espacio, que sea diferente, mejor, preferible, comparable, lamentable. Solo esto.

Reconocer un juguete de la infancia

DURACIÓN: imprevisible
MATERIAL: un juguete que te haya pertenecido
EFECTO: desmultiplicador

stás vaciando una buhardilla o un sótano. Te has su-
mergido en una casa de tu infancia. Herencia, abue-
los, tío de provincias. O una vieja caja entre los trastos
abandonados. O también por casualidad en un anticuario. Sea
como sea, surge un juguete olvidado. Es indispensable que esté
olvidado. Por completo. Ya no guardabas ningún recuerdo de
él. Todavía conservas en mente retazos de imágenes de los objetos que te eran familiares durante tus primeros años. Puedes evocar algunos de ellos. Pero este no. Este juguete había
desaparecido de tu memoria. No habrías sabido vivificarlo ni
buscarlo.

Sin embargo, en cuanto aparece, lo reconoces. Sin vacilar,
completamente, en sus mínimos aspectos. Este juguete te es
familiar, habitual, bien conocido, consustancial. Es el tuyo. Reconoces en él cada fragmento de pintura, cada arañazo, cada
marca de lápiz. Una ranura minúscula, una rugosidad en el borde, un trocito que falta, te lo sabes todo de memoria, de manera evidente, segura. De improviso te sientes transportado al
mundo de este juguete, a su tiempo propio, su espacio singular.
Su presencia te atrae con fuerza, aunque no por ello te sustrae
de la realidad.

¿Cómo es posible? ¿Por qué estos detalles vivos, numerosos,

precisos son inaccesibles pero a la vez están siempre disponibles? Desaparecidos, pero no borrados. Al instante reactivados, o más bien reactivables. ¿Por qué exactamente? ¿Acaso hay otros mundos contenidos en el presente, encajados en él, que están ahí sin que lo sepamos? ¿Acaso avanzamos rodeados de otras vidas almacenadas, de existencias virtuales?

Esperar sin hacer nada

DURACIÓN: de 10 minutos a varias horas
MATERIAL: sala de espera o similar
EFECTO: tranquilizador

s una forma de espera particular: no puedes actuar, estás seguro del desenlace, pero no sabes cuánto tiempo tardará en llegar. La sala de espera del médico, la de cualquier organismo público, o los aeropuertos y estaciones, en especial los días de huelga, son lugares muy indicados. Sabes que la consulta terminará por realizarse, que tratarán tu asunto, que el avión despegará o que el tren, al fin, llegará a la estación. La situación es, por tanto, muy diferente de las esperas cuyo final es incierto, incluso inquietante. Además, estás obligado a la pasividad: no está en tu poder el acelerar el proceso. Te enfrentas directamente a la duración, al transcurso infranqueable del tiempo, más o menos lento, más o menos viscoso.

Para muchas personas, esta es una situación difícil de soportar. Hacen lo que pueden para esquivar el encuentro con el paso del tiempo, leen revistas, novelas, ensayos, toman notas, consultan la agenda, ordenan carpetas, llaman por el móvil, trabajan con el ordenador o se sumen en la contemplación de la gente que viene y que va. En resumen, se ocupan, llenan ese tiempo que se les ofrece y se les impone con actividades, ideas, grandes o pequeñas, y tareas diversas.

Debes probar la experiencia contraria. No hacer nada. Sin ponerte nervioso ni aburrirte. Dejarte flotar en el tiempo, sabiendo que pasa por sí solo, inexorable, en ti y sin ti. Debes dejarte fluir en esta pasividad total, sin inquietud. Todo llegará, y nada depende de ti. Puedes estar vacío, amorfo, inmóvil, indiferente, brumoso, ausente; y a pesar de todo, el tiempo avanza, y este momento llegará a su fin. Puedes descubrir que no hay que matar el tiempo. El tiempo no cesa de morir, por sí mismo, indefinidamente.

38

Intentar no pensar

DURACIÓN: 10, luego 20, luego 30 minutos
MATERIAL: ninguno
EFECTO: ninguno

s una experiencia hacia el límite. No pensar en absoluto, cuando uno está despierto y en posesión de sus facultades, es algo que no se consigue, o solo durante muy poco tiempo. Por lo tanto, solo puede haber tentativas. Pero estas llegan más o menos lejos. Se acercan más o menos a lo imposible. Unas lo rozan, otras solamente lo vislumbran en el horizonte.

¿Por qué es imposible no pensar? Tal experiencia nos sustraería de lo humano, nos permitiría escapar del incesante hormigueo del lenguaje. Caeríamos del lado del embrutecimiento, de la vida pura, instantánea, animal. O, lo que puede venir a ser lo mismo, caeríamos del lado de lo divino, sin fondo, abismal, mutista. Pudiera ser que el pensamiento fuera un parche para unir ambos lados. Ni del todo divino ni solamente embrutecido. Una manera de remar entre la eternidad y el instante. O bien entre el silencio y las palabras, la presencia y la ausencia, el ser y la nada, etc.

En todo caso, el pensamiento no se detiene definitivamente. Solo pueden darse interrupciones pasajeras, circunscritas. Son posibles, vale la pena experimentarlas. Para aventurarse en ellas, hay que proceder poco a poco. Paso a paso, por etapas. La primera condición es no crisparse, dejarse llevar. La voluntad, aquí solo puede actuar de soslayo, de manera indirecta. No es un proyecto que haya que realizar, y, lógicamente, no es deseable pensar que no estamos pensando. Es mejor saber que fracasaremos. En un momento u otro siempre nos atrapará un pensamiento. El fracaso es seguro. Por lo tanto, cualquier progreso tiene un valor en sí mismo.

El entrenamiento más eficaz consiste en dejar pasar los pensamientos. No impedirlos (es imposible), no aferrarse a ellos (es posible). Considerar su paso como el de las nubes, inevitable y lejano. Practicar la indiferencia del cielo. Como él, con obstinación, despejarse sin prestar atención a lo que está desfilando. Mantenerse en el borde, debajo del marco, con el ojo abierto a lo que está delante. Y nada más. Tener todavía sensaciones (los colores, la luz, la respiración, la piel, los músculos, los ruidos de alrededor), pero no integrarlas en una conciencia, ni mucho menos en una idea o discurso. Y finalmente, algunas veces, en trocitos, conseguir llegar hasta el cielo claro, hasta la luz vacía, sin movimiento, sin forma.

Estos breves éxitos pueden tener largas consecuencias. Sus repercusiones van más allá de los momentos en que suceden. Aunque sea único, estas permanecen.

Ir a la peluquería

DURACIÓN: 1 hora aproximadamente
MATERIAL: una peluquería
EFECTO: desmelenado

Parece sencillo. Entras, te lavan el pelo, después alguien te lo corta, un poco, mucho, o nada. La experiencia consiste, primero, en sentir hasta qué punto esta situación común es mucho más complicada de lo que parece. En efecto, puedes imaginar que tu pelo no es una parte indiferente de tu cuerpo. No es sencillo entender la relación que existe entre ambos. ¿Los cabellos están inertes o vivos? ¿Son insensibles o los recorre otro tipo de nervios? ¿Están fuera de tu cuerpo? ¿Dentro? ¿Entremedio?

¿Qué pasa cuando los cortan? Tal vez tu pelo esté directamente unido a tus ideas y nunca vuelvas a tener las mismas al salir de la peluquería. Si te hubieran peinado el alma, esta sería irreconocible, inutilizable, no volverías a encontrarte a ti mismo. Serías otro del todo distinto, estarías desorganizado por dentro.

O bien el paso por la peluquería modifica toda tu apariencia. Ya no tendrás la misma cara, todo habrá cambiado, la forma de la nariz y el color de los ojos, el ancho de las mejillas, todo tu cuerpo estará alterado, se habrá vuelto más alto o más bajo, más enclenque, o más rechoncho.

O bien los peluqueros son unos arcángeles, mensajeros de Dios, redentores de calle. Saldrás de la peluquería transfigurado, cual cuerpo glorioso, llevado por la música de las esferas y la dicha de la bienaventuranza. Perdido o salvado, sea como sea, vivirás un momento decisivo. Acudes a una cita con el destino. Se anuncia una mutación sin precedentes. Operación terrible, alquimia innombrable, el corte de pelo te dejará estupefacto, desencajado, víctima de cataclismos internos. Eso es lo que has llegado a creer.

El segundo tiempo de la experiencia consiste en quitarte de encima esas fantasías con champú antipiojos. Sabes que en realidad no ocurrirá nada. Te cortarán el pelo y ya está. Te lo harán más o menos bien, siguiendo más o menos tus ideas sobre la «estética» que te conviene. Pero estas variaciones menores no tienen ninguna consecuencia. Carecen de la menor importancia.

Habrás soñado para nada. Pero al menos habrás experimentado la distancia que separa tus fantasmagorías de la realidad. La realidad casi siempre es plana, vulgar, simple, sin relieve. Tranquilizadora, según cómo se mire.

Ducharse con los ojos cerrados

DURACIÓN: de 5 a 10 minutos

MATERIAL: ducha

EFECTO: pacífico

No sabes de dónde viene el agua. Con los ojos cerrados puedes imaginar algo que no sea una ducha: la lluvia en los trópicos, por ejemplo. Puede que no estés solo, que haya gente mirándote. Empiezas a esbozarte una escena, pronto quizá toda una historia. Cierra. No se trata de eso. Sencillamente sentir el agua tibia, las gotas, los chorros, los flujos. Sentir solo eso, sin ver nada, sin oír otro sonido que el del agua. Intentar mantenerse en una sensación única, sin sentido y sin imágenes, solamente debajo del agua tibia. Limitarse a permanecer así, debajo del agua, de pie, con la cara levantada hacia la ducha. No ser más que una capa de piel de cara debajo del agua, nada más. No tener palabras para decirlo. Permanecer aturdido, condensarse en la pesadez del agua. Solamente esa sensación, o casi.

Permanecer sin fundirse, solo incesantemente mojado. Evitar todo aquello que se parezca de cerca o de lejos a una plegaria, un éxtasis, una divagación, una distracción. Permanecer simplemente allí, con la piel mojada y nada más. Difícil, en algunos momentos, ignorar el resto. Acuden pensamientos, surgen ideas. Algunas preguntas tozudas insisten con obstinación. Algunas preocupaciones también. El agua pasa, diluye. La ablución prosigue. No salgas del estrecho círculo del chorro de agua.

Dormir boca abajo al sol

DURACIÓN: 1 hora aproximadamente
MATERIAL: toalla de baño, sol
EFECTO: rebelde

A l principio solo sientes un ligero torpor, un entumecimiento. Luego la presión del pecho en el suelo se hace más fuerte, la respiración más lenta, las formas se difuminan, los gritos lejanos dejan de oírse. No sientes más que el calor tendido sobre tu espalda como una manta protectora, y la sequedad de las piernas. Una suave brisa te impide notar las molestias de la canícula. Solo sientes la protección de la cálida luz, su extensión sin falla. Estás envuelto por completo en su suavidad, desnudo y lánguido, pero sin miedo a pasar frío. Este único pensamiento te calma tanto que empiezas a adormecerte. Ya está, te has dormido.

Al cabo de poco tiempo, el despertar es curioso. No muy agradable, en realidad. No sabes bien dónde estás o por qué te has dormido, qué gesto puede ayudarte a encontrar la salida. Sientes el gran calor que se ha apoderado de tu piel. Ahora empiezas a temer las quemaduras. Y los cánceres futuros, los pérfidos melanomas, las metástasis en todas direcciones. Mientras esperas un café, empiezas a entrar en una agonía bastante desagradable.

No te dejes engatusar. Manda a paseo la medicina, la prudencia de los expertos, los vendedores de miedo y moderación. Niégate a vivir hasta muy viejo en un sótano climatizado donde solo comerás endivias y champiñones, beberás agua clara y estarás protegido de toda radiación exterior. Admite que morirás, más tarde o más temprano, más o menos feo. Mientras tanto, duerme como te plazca. Y haz lo mismo con todo.

Ir al circo

DURACIÓN: de 2 a 3 horas

MATERIAL: un espectáculo de circo

EFECTO: humanizador

ay que desconfiar de la gente a la que no le gusta el circo. Sin duda, son personas demasiado eficaces y demasiado seguras de sí mismas, despiadadas. Para entenderlo, aunque a ti tampoco te atraiga mucho, prueba a sentarte cerca de la pista. Escoge preferiblemente un circo pequeño, no muy boyante, cercano a la miseria. Evita el Madison Square Garden, el Barnum y otras grandes empresas. En ellas es más difícil comprobar aquello que hace que el circo sea conmovedor, la mezcolanza de miseria y sueños.

Porque, normalmente, en esos sitios hay algo sórdido. De una manera esencial y necesaria. El serrín en la pista, el olor a excrementos de animal, el polvo de las viejas lonas, el hedor de grasa bajo la tela de las carpas. Lo importante también es que sea un espacio cerrado: el círculo de la pista, el cielo de tela, las barandillas. El circo delimita un espacio que le es propio. Un mundo que no se confunde con el resto del universo. El circo se define, en cierto sentido, como el mundo humano mismo.

En esta esfera circunscrita, el objetivo es crear una burbuja de sueños. De forma elemental, e incluso muy tonta, o muy vulgar: lentejuelas, estrás, cosas que brillan. Oropel, artificio. Falso lujo y falsa elegancia, facilidad facticia, alegría forzada sobre un fondo de pobre tristeza. Eso es lo que hace que el circo resulte conmovedor, ejemplar, modelo simplificado de lo humano: construir sueños ridículos sobre el barro y la mugre, pero con obstinación. Cada noche a las ocho y media y los domingos en sesión de tarde a las tres.

Así pues, ponte en marcha hacia la carpa. Tendrás que hacer un poco de cola. Pagar muy caro por la incomodidad, la vetustez, el olor. Pasar mucho rato mal sentado. Te sobrepondrás con facilidad a estas molestias. Te convencerás de que puedes escapar de este agobio, seguir la ligereza de los acróbatas, el poder de los prestidigitadores. Conseguirás soñar con una humanidad llena de bolas de cristal, iluminada por los focos, sonriente en las fanfarrias, feliz con el algodón de azúcar. Casi te parecerán guapos los hombres y mujeres que salen al escenario, valientes, meritorios, revestidos de virtudes, capaces de grandes logros, más altos que los mortales, el cuerpo brillante como el de los dioses, y tan ágiles, y ligeros, rápidos, etéreos. Durante un rato flotarás en esa burbuja de lentejuelas.

Y entonces, y eso es lo más importante, lo más conmovedor, algo falla. Una pelota que cae, un trapecio que se escapa, un pájaro que se niega tozudamente a moverse. Descubres que la bella contorsionista lleva un agujero en la media. De repente estás viendo algo lastimoso. Un orgullo caído a ras de suelo. Un sueño terrestre, es decir, manchado, siempre más o menos herido. Un fracaso perturbador. Una imagen de la obstinación humana. Tendrás que volver al circo una y otra vez.

Probarse ropa

DURACIÓN: de 30 a 50 minutos
MATERIAL: tienda de *prêt-à-porter*
EFECTO: soñador

ace miles de años que la ropa no sirve para protegerse ni del frío ni de la lluvia, ni para preservar un supuesto pudor. Cuesta imaginar que hasta la ropa más primitiva haya podido desempeñar únicamente un papel térmico. Sin duda siempre se le ha asociado una función simbólica. Señalemos, de paso, que en ninguna de las sociedades que los antropólogos estudian el vestido se reduce a una simple utilidad práctica. Siempre está codificado, atrapado en los juegos del poder, de la norma, de los papeles sociales. Nosotros hemos multiplicado de manera indefinida las apariencias y su significado. La ropa habla del lugar social y físico del que procedemos, de los poderes específicos que ejercemos o de las dominaciones que sufrimos, muestra la clase, el carácter, la edad, el empleo que tenemos, el que no tenemos, la transgresión, la sumisión. Puedes decir: «Soy un joven de barriada que busca salir de la humillación enarbolando las mismas marcas que los burgueses de mi edad, pero yo escojo colores diferentes y los mezclo de una manera que a ellos les parece ridícula sin que yo me dé cuenta». O: «Soy una burguesa de los barrios elegantes, mis hijos son mayores, mi marido me aburre, mi amante también, pero usted puede probar suerte si conoce el código y sabe cómo hacerle una señal al *maître*».

Puedes vivir la experiencia de probarte ropa no para comprarla, sino para explorar unas apariencias inesperadas. En lugar de buscar como de costumbre lo que te va, lo que corresponde a tus gustos, tu estatus y tu estatura, tu morfología y tu idiosincrasia, pruébate ropa incoherente. Demasiado juvenil o demasiado anticuada para ti, demasiado elegante o demasiado hortera, demasiado vistosa o demasiado seria. Ropa en todo caso inadecuada, excesiva, fuera de lugar. Capaz de hacerte sonreír cada vez que te veas de esa guisa.

Imagínate como una de esas siluetas recortables para niños a las que se les cambia la ropa ajustándoles a los hombros, mediante unas lengüetas de papel que se doblan hacia atrás, todo tipo de prendas inconexas. Sueña que eres Barbie o Ken. Esfuérzate en verte como roquero, diplomático, agente comercial, rapero, campesino, charcutero, grafista, cazador de patos, intelectual, basurero, futbolista, ejecutivo. En cada caso imaginarás la vida que acompaña a esas piezas de tela: modos de hablar, modos de comer, domicilio, aficiones, viajes. Después vuelve a ponerlo todo en las perchas. Da las gracias al personal.

(44)

Hacer caligrafía

DURACIÓN: de 20 a 30 minutos
MATERIAL: papel y pluma de buena calidad
EFECTO: concentrador

flor de mandarina

para mi madrina

scribir no es una actividad intelectual. Es, en primer lugar, un ejercicio de la mano. Quizá principalmente eso. Lo que pensamos, lo que escribimos en el papel como supuestos o pretendidos significados, tiene, sin duda, mucha menos importancia, y mucho menos interés, que la atención que se requiere para formar bien las letras, esbozar estéticamente su contorno exacto, realizar minúsculos equilibrios entre líneas rectas y curvas, bucles y puntos.

Para experimentarlo, debes empezar por esforzarte en trazar al mismo ritmo, sin brusquedad, de manera regular, las frases, incluso las más triviales, que te pasen por la cabeza. Lo que cuenta, una vez más, no es el alcance de lo que estás escribiendo. El contenido de los signos, su «sentido», como se suele decir, no tiene más que una importancia secundaria. Lo único que vale es la regularidad de los trazos, su progresión metódica, el hecho de escribir, en orden, unas letras encadenadas, bien formadas, legibles, proporcionadas, claras.

Concentra tu atención en los movimientos exactos y minúsculos de tus músculos, los cortos recorridos de la punta del bolígrafo o la pluma. Procura no detenerte, o lo menos posible, entre dos frases. Mantén el mismo ritmo. Lo que escribes no tiene ninguna importancia. El acto de escribir es suficiente. Evita en la medida de lo posible acelerar el ritmo o aminorarlo. La letra debe ser cuidada, dibujada, pero también monótona, constante y fluida en su avance. Su velocidad debe variar lo menos posible. Tienes que conseguir una continuidad casi perfecta, automática. Esta vez, también, solamente cuenta el hecho de que vas trazando, inexorablemente, con una aplicación cada vez más indiferente a toda voluntad, unas líneas horizontales dibujadas en el papel mediante la obstinada sucesión de letras y palabras.

Puedes escribir todo lo que se te ocurra, recuerdos de la niñez, lista de la compra, insultos nuevos, parodia de un informe policial, postales de vacaciones, confesiones íntimas, cartas de amor, declaración de impuestos, parte de accidente. Lo esencial es que, cada vez, te preocupes menos por lo que significan las frases. Sea cual sea su significado, debes considerarlas como simples ocasiones para que la escritura prosiga.

La experiencia consiste en sentir que el avance de las líneas, la caligrafía de las páginas que se suceden unas tras otras, permanece indiferente a lo que las frases quieren decir. Por un lado, el bullicio de nociones, sintaxis y sentimientos, el alboroto del sentido, la proliferación de coherencias y conflictos. Por otro lado (¿es realmente un «lado»?), el pulso de la grafía, sin sentido, casi pura, automática, movida por la única necesidad de seguir avanzando, por la regularidad repetida de ser incesantemente idéntica a sí misma.

Quizá así llegues a sentir que todo lo que creemos decir y pensar es doble. Más allá del sentido más evidente que transmitimos, más o menos conocido pero siempre en apariencia disponible, probablemente distingas la permanencia secreta, inagotable, imposible de delimitar, de una inscripción corriente, arrastrada por su propio movimiento. Nada que ver con lo que significan las palabras. Por completo indiferente a lo que transmiten los textos en cuanto a ideas, informaciones, afectos. Grafía, nada más que grafía. Atravesando los cuerpos, los pensamientos, los músculos, las hojas. El interminable flujo de lo escrito.

45

Encender fuego en la chimenea

DURACIÓN: de 15 a 20 minutos
MATERIAL: chimenea, leña, papel de periódico
EFECTO: primitivo

sta simple acción de prender una llama en la chimenea sería como un antiquísimo ritual cuyo sentido se te
hubiera olvidado. Algunas trampas que hay que evitar
también te resultan conocidas. Piensa, sin embargo, que has
extraviado la importancia de estos gestos. Desconoces por completo qué significa encender un fuego. Incluso ignoras por
qué, desde siempre, hacerlo te conmueve, de una manera curiosa, que te atrae y te tranquiliza.

Así pues, vas a efectuar cada gesto como todas las demás
veces, pero ahora mirando. Ahí estás tú, de rodillas, o en cu-
clillas, preparando el hogar, comprobando que no haya cenizas
o que estén retiradas, que el espacio sea suficiente, la airea-
ción buena. Los troncos no deben ser demasiado grandes, para
empezar. Y deben estar ligeramente elevados —mediante los
morillos, unos simples ladrillos o, incluso, a falta de otra cosa,
unos pedazos de madera— para que el aire pueda circular por
debajo. Por la misma razón, procura no pegar los troncos al
fondo, deja un espacio, un paso. Añade trocitos más pequeños
—leña menuda, ramitas, cajas de fruta y verdura— en cantidades razonables. Corta en tiras grandes hojas de periódicos viejos (mejor diarios que revistas, que no arden tan bien) o
retuerce algunas páginas para obtener una especie de cuerdas

de papel. No obstruyas el espacio, deja huecos debajo de los troncos.

Enciende algunas hojas y coloca esta pequeña antorcha justo en el centro. Los minutos que siguen son los más interesantes. En primer lugar, una respuesta inmediata, crepitaciones, llamitas vivaces, unos buenos chasquidos. Luego, los primeros silbidos de la madera que exuda. Y, una vez consumido el papel, el momento de la duda y la inquietud: las llamas desaparecen, las brasas son casi inexistentes, solo una gran humareda señala una posible esperanza. El humo continúa, es denso, bastante grande. El papel quemado enrojece todavía un poco por los bordes, por franjas, y luego se apaga del todo. Se te ocurre pensar que este fuego no prenderá nunca, que en alguna parte se ha deslizado un error (madera húmeda, papel mal doblado, demasiado apretado o demasiado suelto). Todo parece como de costumbre y, sin embargo, te asalta la duda. Temes, de una manera absurda, injustificada, sin fundamento, que la operación salga mal.

No sabes si en realidad tienes las mejillas coloradas por culpa del calor o a causa de la preocupación. Soplas sobre algunas brasas, demasiado esmirriadas, sin éxito. El humo se hace más espeso, el silbido se intensifica, pero el fuego sigue sin prender. Piensas que tendrás que añadir más papel, volver a empezar la operación. Dudas. De pronto, unas llamitas vivaces, intensas, surgen del humo y lo disipan en un instante. Como si el fuego hubiera explotado de repente. Ahora contemplarás cómo muerde, cómo se apodera de la parte inferior de los troncos, cómo les lame la corteza, cómo los pinta de rojo. Todo va bien.

Pregúntate qué te ha inquietado tanto hace un momento, qué te tranquiliza ahora. Tal vez un recuerdo que permanece activo desde los tiempos oscuros en que perder el fuego era el único infierno. Cuando cada llama que surgía de pronto señalaba la victoria mágica sobre la noche, el hambre, el frío, la muerte.

Saber que estamos hablando

DURACIÓN: unos minutos
MATERIAL: ninguno
EFECTO: desconcertante

o que importa es seguir el hilo de las ideas, pensar en lo que se quiere decir, no en la forma de las palabras, en su pronunciación. Cuando te llega a suceder esto último, ya no sabes muy bien qué hacer, y la impresión que deja esta experiencia es desagradable. Es como si estuvieras hablando por un teléfono que te devuelve el eco de tu propia voz, sin cesar, impidiéndote casi continuar.

De hecho, nunca necesitamos saber que estamos hablando. O bien nos callamos, o bien decimos algo que, con la intención de conseguirlo, acapara todo nuestro campo mental. No es aconsejable decirse: «Me estoy expresando, pronuncio la frase que estoy pronunciando». Con tal actitud se corre el riesgo, pura y simplemente, de bloquear toda posibilidad de construir frases. Hay que impedir, por ejemplo, que tal pensamiento pueda perturbar una conferencia, un discurso político, una clase, etc., aquellas situaciones en que un público espera, con todo derecho, que las palabras no se paren en seco sin una explicación.

Normalmente tú, como todo el mundo, consigues evitar tal descarrío. La solución consiste en mantener en su lugar —un lugar menor, difuso, marginal— este saber relacionado con la palabra en curso. Aferrarse al sentido, a la intención, a todo lo que lleva la frase fuera de sí misma. Seguir avanzando sin mirar nunca atrás ni quedarse en suspenso, so pena de que todo se bloquee. No hay palabra si no es hacia delante.

Queda enunciar la curiosa consecuencia de esta situación. Solo hablamos a condición de ignorar que estamos haciéndolo. De mantener sobre esta luz una forma de oscuridad que concierne a su existencia misma. Sin duda, podemos hablar de la palabra, articular frases a propósito de ella, pero esa no es la cuestión. No podemos hablar si pensamos en ello.

Llorar en el cine

DURACIÓN: unos 90 minutos aproximadamente

MATERIAL: un largometraje

EFECTO: calmante

a película tiene que ser como es debido: nada intelectual, fácil de seguir, previsible, clara como el agua. O una historia de amor o nada. Sentarse muy cerca, como para no perderse ni una coma, fundirse en la pantalla, olvidarse de todo. Creer, en fin, que todo lo que se está viendo es verdad, grande. Hermoso y absolutamente triste. Volverse sentimental, romántico, sensiblero. Del todo, si no, no es cine. No mantener, por lo tanto, una distancia crítica, ni esa seriedad tan triste. Rechazar por sistema toda desconfianza, todo interrogante. Querer ser un público *bueno*. Con valentía y decisión.

Y entonces, cuando los amantes se separan, cuando muere la protagonista, cuando triunfan los asesinos, el malo o la estupidez, cuando se rompen los sueños, cuando se desgarran los corazones, cuando los violines tocan en tono menor y suenan las percusiones, llorar, sencillamente. Con grandes lagrimones. Sin reflexionar, sin tener vergüenza. Cálida, intensa e interminablemente. Sentirse desesperado y tranquilo a la vez, arrastrado por la historia, incapaz de la menor resistencia, destrozado por la pena, dichoso por permitir que brote, despreocupándote de todo lo demás.

En estos tiempos propensos al cinismo, la frialdad, la denigración y la burla, conviene experimentar los buenos sentimientos de manera voluntaria y libre. Sin cálculos. Por el mero placer de hacerlo. Esta orgullosa pusilanimidad de las lágrimas que se creen inocentes oculta un placer especial, un abandono de las barreras, una pérdida temporal de los blindajes.

Encontrarse con unos amigos al cabo de muchos años

DURACIÓN: de 2 a 3 horas
MATERIAL: un amigo de otros tiempos
EFECTO: cronológico

s una experiencia que se puede realizar a diferentes edades. Adquiere matices muy variados según sea la época de la vida. Los niños, si llevan dos o tres años sin verse, apenas se reconocen, ni siquiera a una edad ya consciente, ni siquiera si han jugado mucho juntos. «¿No ves que es Antoine? ¿Te acuerdas de él? Vamos... ¿Reconoces a Maryse? Mira, ¡tiene los mismos ojos!» Sonrisas incómodas, miradas perdidas. Se conocerán, pero no se acuerdan de nada, o casi nada, y confusamente.

En la adolescencia, cuando llevamos mucho tiempo sin ver a un amigo o una amiga, la situación resulta divertida y molesta a la vez. Esta mezcla de diversión y malestar proviene de los rasgos que hemos conservado, del aspecto que hemos recordado de inmediato, pero corregido y aumentado con los senos, el vello y todo lo que ha crecido en ese período. Nos reconocemos pequeños en cuerpos de mayores. Es algo extraño.

Los adultos pueden hacer durar más la cosa. Diez, veinte, treinta años o más sin verse. La curiosa espera en el café o el restaurante, saber si nos reconoceremos y bajo qué máscara, qué arrugas, qué huellas del tiempo transcurrido. Una rara mezcla de temor y ternura, sin que lleguemos a saber en verdad si el temor es por el otro o por uno mismo. La ternura tampoco.

Y luego, cuando reconocemos al otro al primer vistazo (¿por qué?, ¿los ojos?, ¿la sonrisa?, ¿el gesto de la cabeza?), esa extraña manera de escrutar los estragos del tiempo con incredulidad. El otro, es evidente, ha envejecido. Y uno también, lo sabemos, pero no lo notamos. Y además uno se ha ido acostumbrando con el pasar de los días. Lo que entonces resulta curiosamente conmovedor es la repentina angustia por el tiempo terrible que te alcanza, de manera indirecta, porque sospechas que tú también...

Vagar por una librería

DURACIÓN: de 2 a 3 horas
MATERIAL: varias librerías de ocasión
EFECTO: divagador

Por esas cosas del azar, resulta que, de manera imprevista, tienes un poco de tiempo libre. Entre dos citas, o porque los transportes están en huelga. O porque sí, porque pasas por delante. Nada premeditado, en cualquier caso. Y allí estás tú, en una librería. Dejemos la ciudad, el barrio, el país o la estación del año. Ciudad de libros, tienda única o calle especializada, lo único que cuenta es que te sumerjas, por completo, en el mar de títulos.

Vas pasando de una sección a otra, de estantería en estantería, de una pared a otra. No buscas nada en concreto. Y te sientes interpelado por títulos, autores, personajes. Como si cada libro te llamase, intentando captar tu atención. Detrás de cada cubierta, como si fueran ventanas cerradas y con las persianas bajadas, adivinas vidas enteras, alientos. En cada volumen te esperan varios destinos. Pequeños destinos, mínimos, fatalidades de paso. Es igual. Si entras, te llevarán, bastante tiempo, bastante lejos.

Pero la competencia es dura. De todos esos miles de volúmenes, ¿con cuáles te quedarás? Poco a poco percibes los murmullos de todos esos títulos que quieren seducirte. «¿No quieres leerme, cariño?», «Llévame contigo, no lo lamentarás...», «¡Si me abres, seguro que no podrás parar!», «¡Te estaba esperando

a ti! ¡Tómame! ¡Tómame!» Pasas deprisa y de lejos de un su-
surro a otro. Oyes las voces suaves, respiras los tibios alientos
de los textos que se te ofrecen.

Entonces se te hace clara esta verdad: la literatura es pros-
titución. Al menos en cierto sentido. Cada historia impresa es
una prostituta que intenta hacerse ver, captar un momento de
la mente que pasa, prolongarse en la atención que se le preste.
Todas las artes son así, por otra parte: todas las obras susurran
obscenidades en voz baja, y la mirada pasa deslizándose de una
a otra.

Tal vez termines considerando las librerías como burdeles,
las exposiciones como bacanales, la cultura como una orgía.
Aunque tu momento de libertad se acabe, las llamadas conti-
núan. Y sientes por los artistas una profunda compasión.

50

Convertirse en música

DURACIÓN: de 20 a 120 minutos

MATERIAL: una música

EFECTO: realista

Pon el volumen casi a tope. Una música que te guste, y cierra los ojos. Abandona todo tipo de vigilancia. No hagas ningún esfuerzo para ver ni oír ni pensar nada de nada. Relaja todos los músculos. Tu cuerpo se va haciendo más pesado, más lánguido, se hunde en el sofá (o el suelo, o la cama) donde estás tumbado. Todo lo demás se disipa. Solo la música. Espera, déjate llevar. Tu intervención voluntaria es inútil y hasta nefasta. La música, únicamente, imperiosa, solo la música. No es que la música te invada, es que tú vas a disolverte, vas a desaparecer convertido en notas, convertido en ritmo y en timbres. Por otra parte, sabes qué inexacto es esto, qué mal formulado, qué impreciso. Porque las palabras no están hechas para eso. Hay que esperar ese momento sin frases en que ni siquiera podrías decir que estás flotando en la música, pues también aquí, para que tal expresión tuviera sentido, habría un «tú» distinto de los propios sonidos. Eso es lo que desaparece. Solo queda materia sonora, absolutamente sola, pulsación pura, y en eso es en lo que tú te has convertido.

Entonces puedes llevar a cabo la experiencia —fugitiva, de refilón, al límite— de mirar desde fuera ese cuerpo abandonado, inerte, al que contemplarás desde lejos, sin preocuparte de que seas tú. Esas historias de chamanes o brujos en las que se habla de abandonar por un momento la envoltura corporal, salir de ella y verla desde arriba, son historias de música. ¿Cómo no te habías enterado antes?

No era todavía más que una etapa. La magia, los poderes especiales son momentos que hay que atravesar. Convertirse en música no sirve para viajar. Cuando se continúa, ya no se trata de desplazarse. Ni siquiera de lugar ni de distancia. Pronto no queda nada que te permita situarte. Solo subsiste la música. Ella forma la propia textura de la presencia, el acceso directo a toda existencia. Y entonces te parece que no hay ningún enigma en la frase que normalmente resulta imposible comprender: «Si el mundo desapareciera, quedaría la música».

51

Arrancarse un pelo

DURACIÓN: 3 segundos

MATERIAL: un pelo

EFECTO: ínfimo

l dolor es minúsculo. La cabeza de un alfiler, un instante de nada, tan solo un desprendimiento brusco, ínfimo, del cuero cabelludo. Has cogido uno de tus cabellos y has dado un tirón seco, perpendicular. Puede que hayas vacilado por miedo a que te doliera más de lo previsto. Puede, también, que hayas tenido que intentarlo varias veces antes de conseguir el impulso suficiente, el breve tirón que se necesita.

Ahora ya está. Tienes el pelo entre los dedos. En la cabeza, en el lugar exacto donde estaba, queda una punzada circunscrita que poco a poco se va irradiando, como círculos que se agrandaran. Dolor a la vez preciso y difuso; desacostumbrado, porque al principio está delimitado con absoluta precisión, pero después se va difuminando hasta hacerse indistinto. Recuerdo de dolor esparcido por la piel más que percepción aún presente.

Vaya experiencia más tonta, me dirás. Del todo inútil, carente de interés. Tienes toda la razón del mundo. Para eso es precisamente para lo que sirve: hacer sensible una infinidad de preguntas sin relevancia y sin respuesta. Ahora tienes un pelo menos. ¿Cuántos tenías hace un momento? ¿Cuántos tienes ahora? ¿Te has preocupado alguna vez por saber el número exacto de pelos que tienes? ¿Por qué no te interesa? Con un pelo menos, ¿te has quedado calvo? ¿A partir de cuántos pelos menos se queda uno calvo? ¿Quién lo sabe?

Son interrogantes sin respuesta porque hacen referencia a cuestiones de fronteras, de delimitaciones de identidad. Y las fronteras no son líneas: sabemos que esta persona no está calva, que aquella otra sí, pero no somos capaces de trazar una demarcación precisa, exacta, sin equivocarnos de un pelo, entre calvo y no calvo. Delimitamos del mismo modo, es decir, con proximidad, nuestra propia identidad. Pero, evidentemente, somos unos conjuntos difusos, halos, brumas, incapaces de saber, con el número de pelos exacto, dónde estamos. Seguiremos sin saberlo en absoluto, y seguiremos creyendo que es un dolor minúsculo.

Pasear por un bosque imaginario

DURACIÓN: de 2 a 3 horas
MATERIAL: un bosque
EFECTO: inversión

referiblemente se necesita un bosque de verdad. Se recomienda el invierno, o en todo caso una estación que permita caminar bastante rato, con paso regular, sin el agobio del calor. Es deseable una regularidad exacta de la respiración. Así pues, andarás a paso bastante rápido, un buen rato, sin preocuparte por nada más que por acompasar la respiración al paso.

La primera etapa consiste en producir en ti, por repetición, un ritmo sin sorpresas, casi sin pensamiento. Para saber si has entrado en el tempo de esta marcha por el bosque, basta una fácil comprobación: para de caminar de repente, pero sigue respirando al mismo ritmo. Si los árboles se obstinan en avanzar, es que vas por buen camino. Si, por el contrario, todo el paisaje entero se queda quieto al mismo tiempo que tú, sigue caminando, todavía no has llegado al principio de la historia.

Cuando hayas podido verificar que sí llevas el ritmo adecuado, prosigue. Entrarás en otro país. Para ello no se precisa la intervención de hadas ni elfos. Ni gnomos ni trolls. Solo un poco de buena voluntad y cierta constancia. Un pelín de entusiasmo.

Imagínate que el bosque es tu alma. Estás caminando dentro de ti mismo. No, el laberinto de troncos, la guardia blanca de abedules, el humus húmedo y el musgo no están fuera. Por efecto de un opaco destino, del que no tienes por qué saber nada, todo se ha trastocado. Estás deambulando por el interior de tu pensamiento. Sospechas que, tal vez, uno nunca sale de sí mismo. No intentes comprender por qué eso es así. Solamente constata que esas medias luces y esos claroscuros están en ti. Te pertenecen, como íntimas propiedades, la penumbra del sotobosque y la serenidad de los claros, la dura obstinación de los troncos y la diáfana ligereza de los trocitos de cielo.

Vislumbras que quizá el espíritu no tiene un exterior, o bien, suponiendo que sí exista, que no podemos saber nada de él.

Eres libre de sacar conclusiones serias de este juego silvestre. Puede que sea suficiente con retener un solo punto: lo imaginario no es nunca, ni tiene que serlo, algo que se añade a lo real, que se le opone, lo contradice o lo difumina. Siempre es la propia realidad lo que hay que convertir en algo imaginario.

Manifestarse solo

DURACIÓN: de 30 a 40 minutos
MATERIAL: un espacio libre
EFECTO: despolitizador

Andas deambulando por la calle con toda la tranquilidad del mundo. ¡Pero tan solo es una apariencia! Aunque nada ni en tu paso ni en tus gestos lo deje traslucir, te estás manifestando. Solo tú lo sabes. Nadie puede adivinarlo. Ni una pancarta, ni un grito. Ni un indicio, algo fuera de lugar, que pueda señalar que tu recorrido tiene algo especial. Nada, absolutamente nada que se salga de lo común.

Así pues, estás caminando en silencio. Pero en tu fuero interno vas repitiendo eslóganes. Eslóganes muy hostiles al gobierno, contrarios a su política. Fórmulas ocurrentes, rítmicas, contundentes. Probablemente insultos, frases difamatorias, palabras que estarían penadas por la ley. Desafías a la autoridad, plantas cara a la policía, apelas a la opinión pública, proclamas tu pensamiento, protestas.

Pero nadie tiene ni idea, ni la señora con la que te cruzas ni el niño que te adelanta. Ni siquiera el policía que te mira indiferente desde la esquina. No es una manifestación. Estás tú solo y en silencio. Es solo una experiencia para ver. Pero ¿ver qué?

Que sería posible que todo el mundo estuviera haciendo lo mismo sin que nadie lo supiera. Esta calle tranquila, donde se cruzan gentes que van y que vienen, donde cada cual va a lo

suyo siguiendo su camino, tal vez sea el escenario mudo de se-
cretas protestas e imperceptibles rebeliones.

Por lo demás, así es. Piensa por un segundo en las grandes
pasiones que, en una calle vulgar y corriente, se mezclan sin
saberlo. En los pocos pasos que llevas dados por la acera ya
te has cruzado con un terrorista, una mujer roída por el cán-
cer, un parado desesperado, un drogadicto en pleno mono, una
adolescente embarazada, un inmigrante sin papeles, una esperanza abandonada. Y no te has enterado de nada. Y no podías
saberlo. Es algo manifiesto.

Sostenerse en una hamaca

DURACIÓN: precaria
MATERIAL: una hamaca
EFECTO: arriesgado

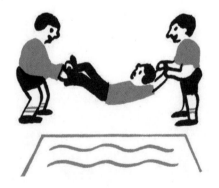

No tiene que ser ancha. Descarta esas hamacas de fondo plano que son como colchones colgados. Nada que ver con la verdadera, la inestable, la difícil hamaca auténtica. A menos que uno haya nacido dentro, que haya aprendido desde pequeño a dormir y a darse la vuelta en ella, los inicios son peligrosos. No hagas movimientos bruscos. Ni precipitados. Lo mejor es que te abandones, pesadamente, a la blandura de tu propio peso.

Lo que hay que comprender, estando dentro, es que nunca se consigue la estabilidad definitiva. La caída siempre es posible, hasta cuando creemos dominar la situación. La mejor garantía para mantener el equilibrio es ser conscientes de que puede quebrarse de repente. En cualquier momento. Sin saber por qué. Debemos aceptar esa ruptura siempre posible, hacerla más liviana, mantenerla presente pero a distancia. No se consigue conjurar la caída más que recordando que es posible y mirando siempre de reojo esa posibilidad permanente.

Aprender a estar en una hamaca nos hace experimentar, a fin de cuentas, el extremo alivio que suscita el pesimismo. Que lo peor siempre sea posible sin ser jamás seguro hace la realidad bastante etérea. Uno se encuentra desembarazado de las ilusiones de la certeza, prima hermana de la angustia de los batacazos. Incluso es recomendable realizar un suave balanceo.

Recapitulemos. La caída siempre está presente, pero solo como una posibilidad. Abandonarse al riesgo se convierte en algo protector. Hay que mantener cierta ironía ante lo peor. Evidentemente, hay que sostenerse en la vida como en una hamaca.

Inventarse los titulares
de actualidad

DURACIÓN: 15 minutos aproximadamente
MATERIAL: papel, lápiz
EFECTO: calmante

Te hallas lejos de todo. A veces ocurre. Ni siquiera tienes una radio, ni un teléfono. Ni periódicos ni tele. Desconectado por completo. Sin embargo, deseas tu dosis de noticias. Según los especialistas, la dependencia de la actualidad adquiere formas que pueden ser más o menos agudas. Hay quien debe inyectarse la dosis de información varias veces al día. Otros pasan con una raya de actualidad por la mañana y otra por la noche. Los titulares pueden tomarse en comprimidos, disueltos en un espectáculo, o directamente en pantalla. Puedes enterarte por fax, por e-mail o por el móvil.

Esta vez estás aislado. No tienes ningún aparato a mano, ninguna casa en el horizonte. Tendrás que espabilarte como sea. Bueno, te inventarás los titulares. ¿Que no hay nada que pueda transmitírtelos? ¡Pues, de todas formas, los tendrás! Ya verás, no es difícil. En política nacional puedes escoger entre una dimisión de ministro, un nuevo paquete de medidas (podrá referirse a los impuestos, a la educación, a los transportes o al medio ambiente, según te apetezca), un escándalo, un acuerdo, una polémica, un viaje oficial. En política internacional, una guerra, un golpe de Estado, una reunión de expertos (también a tu antojo tratará sobre cuestiones financieras, comercio electrónico o pesca), incluso un atentado terrorista, un terremoto, un incendio, una inundación.

No olvides algunas noticias sobre ciencia: un paso más hacia la clonación humana, el descubrimiento de una red de tráfico de órganos, un nuevo material para almacenar datos. Añade un poco de cultura: últimas películas, nueva exposición, retrato de un escritor. Continúa, si te apetece, con algunas referencias al «corazón»: un divorcio de actriz, dos bodas de princesas, un cantante detenido por exceso de velocidad.

El toque final: algunos sucesos, una violación en cualquier ciudad de provincias, un asesinato en un barrio periférico, un accidente de autocar en la autopista. Ya está. Ya tienes más o menos lo que hace falta, dejando aparte algunos complementos. Pero nada te impide inventarte también, rápidamente, la información del tiempo, algunas cotizaciones de Bolsa y hasta los resultados de la lotería. Si por casualidad te falla algún punto del sumario, piensa en un muerto, una personalidad política de primer plano, un premio nobel de literatura, un cineasta de renombre, con repaso de la obra, opiniones elogiosas y página biográfica.

Quitarse el mono no es el objetivo de esta experiencia. Sí lo es el hecho de experimentar como el flujo de información no cesa de repetirse, siempre idéntico a sí mismo. Sin progreso, sin novedad. La extrema facilidad con la que es posible inventarse una pseudoactualidad confirma que lo menos nuevo que existe son, en efecto, las novedades, las noticias. Estas no cuentan otra cosa que las miserias sin fin de los hombres, indefinidamente. Para decorar este mensaje carente de atractivo, se empeñan en sugerir que surge de lo inédito. Tal vez, si repites esta experiencia de vez en cuando, llegues a considerar que esas toneladas de información no son muy importantes, que apenas son reales. ¿Es esto noticia?

Escuchar la onda corta

DURACIÓN: de 15 a 60 minutos
MATERIAL: una radio de onda corta
EFECTO: cosmopolítico

s una magia anticuada. En los tiempos de Internet y otras redes, la radio tiene algo de prehistórico, obsoleto, casi ridículo. Recuerda aquellos materiales antiguos que se llamaban baquelita o chatterton. Fue el producto de otra época, y eso se nota. Pero su relativa vetustez no impide que todavía se pueda sacar de ella alguna experiencia bonita.

Así pues, consigue un aparato de radio de onda corta. Es preferible que esperes a la noche. La recepción suele ser mejor, el efecto imaginario siempre es mayor (aunque, por supuesto, puedes realizar esta experiencia a pleno día). Enciende el aparato, gira lentamente el botón buscando emisoras, de manera continua. No hagas caso de las indicaciones facilitadas por el aparato y el dial, si es que las hay. No quieras saber de antemano si estás escuchando Helsinki o Madrid, La Paz o Toronto. Avanza a tientas. La magia todavía funciona.

Segundo a segundo vas pasando de un universo a otro. Las voces cambian de timbre, de velocidad, de entonación. Distingues de inmediato algunos idiomas, otros te dejan perplejo, te hacen dudar. ¿Será húngaro? ¿Cómo distinguir el búlgaro y el rumano, si apenas sabemos nada de ellos? ¿Y los idiomas del norte? ¿Y los de Asia? Sientes que estás a la vez muy cerca y muy lejos de todas esas personas desconocidas que están hablando en ese momento. Las oyes con claridad, algunas como si estuvieran muy cerca. Sin embargo, no sabes dónde situarlas, ni qué están diciendo, ni siquiera cómo se llama la lengua que están hablando.

Avanzas rodeado de sombras hablantes, de presencias ausentes. Sabes que están vivas, sin duda, pero no puedes decir en qué lugar ni con qué preocupaciones. Puedes imaginarlas, a tu gusto, en su estudio, delante del micro, con una decoración neutra en unos sitios o sórdida en otros. Puedes imaginar a quienes las escuchan, campesinos serbios, mercaderes de El Cairo, ejecutivos de Copenhague, habitantes de lugares dispares, vestidos de maneras diferentes, que no comparten los mismos gustos ni los mismos temores.

Y tropezarás con un enigma de la técnica. En la soledad, en el silencio, en el más espléndido aislamiento que puedas soñar, siempre hay a tu alrededor, agazapados en el aire, imposibles de detectar sin máquinas, a la espera de un zumbido audible, esos centenares de voces que murmuran en decenas de idiomas desconocidos o irreconocibles, y nunca sabrás nada de ellas, salvo que extienden por encima de todas las cosas, interminablemente, una masa humana oscura y cambiante.

Quitarle el sonido a la tele

DURACIÓN: 5 minutos aproximadamente
MATERIAL: un televisor encendido
EFECTO: instructivo

s bastante extraño que veamos, de manera efectiva, la televisión. Incluso quienes se pasan mucho tiempo delante de ella y consumen múltiples programas en realidad no la ven. Porque, casi siempre, la escuchamos. La imagen-sonido viene dada como un todo, tiene un sentido conjunto. Tanto si el programa es una estupidez como si es algo sublime, nos interesamos por ese bloque, escuchamos y vemos. No escrutamos lo que de extraño hay en las imágenes.

Empieza, pues, por quitar el sonido, y mira. Primero atravesarás una capa de ridiculez. La verdad es que dan risa todas esas personas que debaten, se animan y se acaloran sin que se sepa por qué, esas presentadoras que ponen cara insinuante, se contonean, sonríen y luego ponen cara insinuante, se contonean, sonríen y luego ponen cara insinuante, se contonean y sonríen antes de los títulos de crédito y hasta la próxima vez. Ridículos también los cantantes sin voz, los periodistas mudos, los actores que articulan sin proferir ni un sonido y gritan en silencio, los anuncios sin música ni entusiasmo.

Eso no es lo peor. Debajo del ridículo, más o menos profundo, más o menos espeso, reside el terror. Algo mecánico, fijo, inhumano habita esos rostros que siguen moviendo los labios en vano e hinchando las mejillas para nada. Es algo diferente de la muerte, del frío de los cadáveres, de su blanca inmovilidad. Es una agitación vacía de vida, un esfuerzo vano para escapar de la nada, un movimiento que cae.

Hay que alejar eso también, terminar tanto con el espanto como con lo risible. Dejar de reír y dejar de darse miedo. Avanzar en diagonal entre lo ridículo y lo maquinal. Ver solamente cómo son esas imágenes sin el sonido: en el fondo insípidas, carentes de sabor. Neutras y vacías. La tele también puede conducir a la sabiduría.

Volver a un lugar de la infancia que nos parecía mucho más grande

DURACIÓN: instantánea
MATERIAL: un lugar de la infancia
EFECTO: dislocador

s algo que nos ha ocurrido a todos. En nuestro recuerdo, a veces preciso hasta el detalle, el lugar era completamente desmesurado. Enormes campos de carreras, explanadas sin fin, patios inmensos, terrenos para las fugas, lugares de pelea, de escondites, de emboscadas, pampas, estepas, selvas vírgenes. Exponerse al descubierto, en aquel llano, exigía valor. Cruzarlo de una punta a otra requería paciencia, y bastante fuerza.

No crecimos allí. Nunca se presentó la ocasión de regresar, de medirse poco a poco con el lugar. Y de repente volvemos a él, ya adultos. Es un espacio pequeñito. Ha encogido como la piel mágica de la novela de Balzac, ha menguado. Y, sin embargo, todo es idéntico: el volumen de conjunto y los detalles, esa ventana en la esquina, esa pared apenas amarilla. Pero es una maqueta, un modelo a escala, un monumento en miniatura.

Experimenta esta clase particular de sorpresa y de extraña desazón. Te tomas a ti mismo como referencia, pero no tienes una percepción inmediata de tu cambio de tamaño. Por eso consideras espontáneamente que son las cosas las que han cambiado, se han apretujado, han encogido. Y por esa razón, de repente, aquí, tú pareces un gigante.

Por mucho que sepas que eso no es así, la desazón persiste. El recuerdo y la percepción presente no encajan. Ambos son intensos. Ambos son incompatibles. Te sientes en falso, como si estuvieras de más, entre tu memoria, que tiene razón, y tu presente, que también la tiene. Lo que te incomoda es la idea de tu propia continuidad.

Acostumbrarnos a comer algo que no nos gusta

DURACIÓN: varios años
MATERIAL: un alimento odiado
EFECTO: civilizador

a verdad es que no te gusta. No hay manera, ni siquiera habiéndolo probado con buena voluntad, varias veces, en diferentes circunstancias y a intervalos bastante separados. No, la verdad, ¡no te gusta! Cuando has ingerido un poco no has tenido náuseas, pero tampoco te ha encantado. No se trata de una alergia, en absoluto. Es pura cuestión de gustos. Pues mira por dónde, ahora te lo vas a comer.

Para empezar, un poco, solo un bocado, estoicamente y de vez en cuando, como un gran signo de independencia. Y luego, un poco más a menudo, con más regularidad, un poco más fácilmente. Al cabo de unos años, si perseveras en tu obstinación, te lo comerás casi sin darte cuenta. Seguirá sin gustarte. Pero será un hecho sin importancia, el disgusto se mitigará, casi habrá llegado a la indiferencia. Hasta puede que llegues a sentir cierta predilección por este alimento, unida no a su gusto (siempre detestable, salvo casos extraordinarios) ni a la costumbre de la repetición, sino a cierta ternura para contigo mismo por haber conseguido sobreponerte a la repugnancia.

Lo que falta es saber por qué puede uno querer infligirse una obligación como esta, en apariencia gratuita, posiblemente tonta e inútilmente desagradable. La respuesta alejará toda objeción: ¡en nombre de la civilización! En efecto, ¿en qué consiste la civilización, sean cuales sean las diferencias de cultura y época? En no seguir a ciegas los apetitos, en no obedecer de manera mecánica las repulsiones. La civilización viene a complicar el juego, a contrariar los impulsos. Así pues, te contestaremos que esta larga experiencia tiene como objetivo hacerte participar, de manera educativa y desinteresada, en la gran aventura humana.

Solo las mentes aviesas verán en ella un argumento en favor de la barbarie.

Ayunar unos días

DURACIÓN: de 12 a 36 horas
MATERIAL: ninguno
EFECTO: desértico

No es casual que todas las tradiciones espirituales, en cualquier parte del mundo y en cualquier época, hayan recurrido al ayuno. Drogas aparte, no hay ningún método más potente para modificar nuestra relación con el mundo. Asustar o tranquilizar, obsesionar o volver indiferente, perturbar o calmar, el ayuno puede hacerlo todo, según el momento, la intensidad o las circunstancias. Nada tiene de extraño: nuestra relación con la realidad más arcaica, más constante, más orgánica, pasa por la comida. Abstenerse, de manera voluntaria, de comer afecta, pues, directamente a nuestros más antiguos cimientos.

Cada cual reacciona a su manera, en función de su pasado, de su estructura interior. Hay quien se angustia de inmediato, convencido de hallarse en un paisaje árido, mineral, un desierto de piedras que ningún sabor calmará ni suavizará jamás. Hay otros que, por el contrario, se sienten relajados, aliviados de las obligaciones alimentarias, libres al fin de la terrible obligación de ingerir materias sólidas a horas fijas.

Si no has experimentado nunca antes este tipo de situación, empieza con un día solamente. Salvo contraindicación médica, bastante infrecuente, no es muy peligroso. Toma con regularidad agua azucarada. No busques nada excepcional. Explora solo las modificaciones de tu estado de ánimo y, de manera más general, de aquello que se te aparece como «realidad» al cabo de apenas unas horas.

Un poco de glucosa menos, unas grasas diferidas, unas proteínas ausentes, y ya no ves el mundo de la misma forma. ¿No te parece que sería conveniente sacar de esta situación todas las conclusiones posibles? Pues venga, inténtalo.

Refunfuñar durante diez minutos

DURACIÓN: la arriba indicada
MATERIAL: ninguno
EFECTO: riguroso

Siempre hay un motivo. Manifestamos mal humor y descontento porque nos han herido. Alguien nos ha agraviado. Algo nos ha resultado desagradable. Entonces refunfuñamos. Con razón o sin ella (con todo derecho, desde nuestro punto de vista). Protestamos contra un desaire, una injusticia. Hacemos saber nuestro disgusto mediante gritos y rechinar de dientes.

El juego consiste en hacer lo mismo, pero en frío. Sin motivo, gratuitamente. Haz los gestos del enfado sin sentirlo. Solo, instalado en una habitación, empieza a gruñir sin motivo.

Supera la incomodidad de los primeros instantes. Emite una especie de gemidos, haz ruido con la garganta. Contrae el diafragma. Grita, echa pestes, di frases hechas en tono violento: «¡Es in-cre-í-ble!», «¡Desde luego, no quedará aquí la cosa!», «¡Hacerme esto a mí!», «¡Hasta ahí podíamos llegar!», «¡Los muy cerdos! ¡Puercos! ¡Canallas! ¡Granujas! ¡Gilipollas! ¡Más que gilipollas!».

Evita pensar en nada. Procura no suscitar en ti un movimiento efectivo de mal humor. Limítate a pronunciar las palabras. Mantén la calma. Piensa que te van a filmar y que la escena tiene que parecer real. Sigue refunfuñando. Da alguna patada o un puñetazo, o ambas cosas, donde quieras. Grita que lo que te han hecho es repugnante, odioso, indigno, inadmisible. Que algún día les darás su merecido. Que esta te la pagarán. Que los harás puré, papilla, que no lo olvidarán nunca, que lo lamentarán. Emite algunos rugidos más desde el fondo de la garganta. Utiliza bien la respiración, la glotis.

Para de golpe. Respira. Bébete un vaso de agua. Abre la ventana. Recuerda que quizá un ataque de cólera no sea, exactamente, nada más que eso.

Cruzar un bosque en coche

DURACIÓN: de 10 a 20 minutos

MATERIAL: coche, bosque, carretera

EFECTO: jurásico

l desfile de árboles produce casi de inmediato un efecto de irrealidad, de cine. Si tienes la suerte de ir de pasajero, no dudes en volver la cabeza hacia el arcén de la carretera y mantener la mirada fija, para verlos desfilar a gran velocidad, de manera mecánica. No es sino una primera hipnosis. El paso siguiente se da con la contemplación del sotobosque, más o menos sombrío según los bosques. La mirada esta vez se clava a lo lejos, en los huecos bajo las ramas, en la luz verde, a veces casi negra. ¿Cómo se vive en este lugar? ¿Cómo sería estar allí constantemente? ¿Cómo era en la Edad Media, aquí y en otras partes, antes de las deforestaciones a gran escala?

El coche te ofrece una protección especial. Solo estás de paso, y vas muy deprisa, y protegido por la chapa metálica y los cristales. Sin embargo, los discretos terrores del bosque te alcanzan, se infiltran. Aun acelerando, te das cuenta, de pronto, de que jamás saldrás de este bosque.

Dar sin pensar

DURACIÓN: instantánea
MATERIAL: lo que se tenga a mano
EFECTO: dadivoso

l hastío de los gestos que se encadenan, de los trayectos previstos y de las tareas sin sorpresa te ha invadido ya por completo. Avanzas, maquinal, por un tiempo que ha dejado de interesarte. Es casi indiferencia. Hacia ti y hacia los otros y las cosas. Entonces surge la miseria. La de verdad. Mendigo sentado, niño sucio, o deforme, o enfermo, con la piel enrojecida por el frío, las noches al raso y el vino. Esquina en la calle, acera, boca de metro, semáforo, en todas partes. De pronto.

Da enseguida. Sin saber. Sin reflexionar. Sin calcular. Sin deliberación. Sin teorías, ni justificación. Da lo que tengas a mano, un billete, un bocadillo, un libro, un bolígrafo, una sonrisa. No te preocupes por el valor de las cosas ni por la pertinencia del gesto. Experimenta el hecho de dar sin más ni más. No exactamente cualquier cosa a cualquier persona, sino algo tuyo, de ti que vives más o menos protegido, más o menos cómodo, más o menos sin auténticas necesidades, al otro que espera. Solo porque hay una mano tendida.

En frío, podrás pensar que el gesto es arbitrario, en cierto sentido injusto a fuerza de desatino y de azar. En cuanto reflexiones, tendrás todas las razones, buenas o malas, para encontrar la limosna inútil, la mendicidad inmoral, la caridad sospechosa. Por eso hay que alejar con violencia toda reflexión que sobrevenga en el instante en que estés dando. El don proviene de la piedad, ese impulso súbito de socorrer, de ser solidario, que el análisis combate y disuelve.

En esta circunstancia, no hay que dudar en acallar la reflexión a la fuerza. La memoria conserva la gratitud de tales momentos. Hace tiempo que has olvidado las comidas ingeridas de manera razonable, hace tiempo que has borrado de tu memoria el dinero gastado lógicamente. Sí recuerdas, por el contrario, aquello que has dado. Y los gestos, los rostros, las palabras que lo acompañaban. No es solo lo contrario del olvido. Es lo inverso del remordimiento.

Buscar un alimento azul

DURACIÓN: indefinida
MATERIAL: indeterminado
EFECTO: impreciso

Visto desde el exterior, lo llaman el planeta azul. Es cierto que, sobre la Tierra, hay una cantidad fenomenal de azul. El cielo durante el día, cuando está despejado, los océanos. No dejamos de estar inmersos en lo azul, de contemplarlo, de respirarlo. Pero es imposible comerlo. Lo azul no es comestible. Se sustrae a la ingestión.

Es un misterio muy sencillo y, sin embargo, muy grande. En efecto, existen alimentos de todos los colores. Casi todos pueden excitar nuestro apetito. Pero no hay nada azul que se coma, y la presencia de un alimento azul claro, o azul oscuro, o azul de ultramar, tiene muchas posibilidades de parecer repugnante. La observación de un helado azul marino puede dar la sensación no solo de un extremo artificio, sino en cierto modo de un indefinible malestar.

Existen algunas pocas excepciones. No son muy convincentes. El azul de los quesos de Causses o de Bresse tira más bien hacia el verde o el negro. El curaçao azul conviene a los tristes cócteles falsamente tropicales, pseudoexóticos. El *chardon* relleno de licor, dulce típico de Lorena, está discretamente pasado de moda. La línea azul de los Vosgos, vieja especialidad francesa, ha desaparecido casi por completo de las memorias. Por otra parte, solo se devoraba con la mirada.

En resumen, puedes seguir buscando. Nada azul se come. Al menos no con naturalidad y con apetito. Nada que ver con el verde, el rojo, el amarillo, el naranja, hasta el negro o el blanco, ampliamente degustados. ¿Qué conclusión podemos sacar? ¿Que no podemos ingerir el cielo, el planeta, el océano? ¿Deberíamos recordar que el azul también está vinculado con la realeza y con la muerte? ¡Ay! ¡Cuántos enigmas, cuántos enigmas!

Convertirse en santo o en demonio

DURACIÓN: de 15 a 20 minutos
MATERIAL: ninguno
EFECTO: relativizador

¿Eres bueno? ¿Eres malo? De la respuesta se desprende una multitud de consecuencias. O en todo caso eso es lo que se cree. Porque a este interrogante se le confiere un sentido. Una breve experiencia puede convencerte fácilmente de que esta pregunta, en apariencia tan importante, carece de fundamento.

Repasa tu jornada de ayer. Recupera los momentos principales, cómo se encadenaron, si es posible con los pequeños detalles y los pensamientos que los acompañaron hora tras hora. A partir de esta reconstrucción, revisa tu actitud. Intenta juzgarla. No con objetividad, como si consiguieras adoptar un punto de vista exterior a ti mismo y neutro. Por el contrario, insidiosamente. De manera parcial, tendenciosa, excesiva.

Considera primero la extrema magnanimidad de hasta tus más mínimos gestos. Interpreta con benevolencia todas tus cogitaciones íntimas. Observa hasta qué punto has sido entregado, atento, altruista, compasivo, desinteresado, modesto, eficaz, humano, solidario, caritativo y respetuoso a lo largo de todo ese día.

¿Al primer vistazo parece que la cosa no funciona del todo? El objetivo de la experiencia es que consigas observar tus actos y tus gestos desde esta óptica. Poco importa lo que hayas podido realizar. Debes llegar a discernir en tu jornada de ayer —que suponemos más o menos vulgar— las señales evidentes de tu santidad. Cuando tengas la sensación de que, más o menos, has obtenido este resultado, vuelve a pasar la película.

Y sigue el camino inverso. Esfuérzate en encontrar, en tus actos y pensamientos de ese día, los indicios evidentes de tu perversidad, de tu capacidad para hacer daño, de tu afición por la destrucción, de tu maldad esencial. Pasa por alto también ahora el desarrollo, que se supone trivial, de tu comportamiento y tus sentimientos. Consigue hallar, en todo lo que dijiste e hiciste, la confirmación de tu carácter innoble, veleidoso, odioso, diabólico, cruel, egoísta, manipulador. Considérate un demonio. Con tan pocos motivos como tenías para verte un santo, pero con igual verosimilitud si es posible.

Aplica esto a los demás, a su entorno.

Y después, si lo has realizado lo suficientemente bien, intenta creer en los juicios morales, en los exámenes de conciencia.

Recuperar recuerdos perdidos

DURACIÓN: 30 minutos o más
MATERIAL: una memoria
EFECTO: imprevisible

¡Sabes tantas cosas! Y eso te parece tan normal y sencillo que no te das cuenta. Por ejemplo, sea cual sea tu nivel de educación, conoces miles y miles de palabras de tu lengua materna, y reglas de gramática, de aritmética, de geometría. También recuerdas numerosas historias, reales o inventadas, vividas por ti y los tuyos, transmitidas por los historiadores o los testigos, sacadas también de cuentos, novelas, películas.

La experiencia consiste en constatar que posees en tu memoria más recuerdos de los que tú mismo sabes. Sin duda, ya eres consciente de ello. No obstante, haz la experiencia: tómate una media hora y un sillón. Cierra los ojos, y parte en busca de un recuerdo perdido, de manera voluntarista y brutal.

Se podría creer que una persecución de este tipo está condenada al fracaso de antemano. Demasiado directa, demasiado torpe. En absoluto. Es raro que no salga bien. Casi siempre nos tropezamos con un recuerdo para desplegar —un hecho, una fecha, un gesto, una escena, un rostro— que creíamos desaparecido.

No debes dejarlo del todo al azar. Sigue primero el hilo de algunas grandes categorías: trabajo, vacaciones, acontecimientos históricos o sucesos familiares. Toma como guía virtual una cara, un año, un lugar, una emoción. Sigue, gira, profundiza. No fuerces, no insistas demasiado. Deja que venga. En el momento en que ya no te lo esperas, aparece un fragmento de imagen, un ruido, un olor, una escena. El conjunto puede surgir de improviso, en su totalidad. O bien hay que abrirlo, desarrollarlo, desdoblar uno a uno los pliegues cerrados.

Por lo tanto, de vez en cuando renuncia a irte a pasear afuera. En lugar de salir, entra, hurga, pasea por dentro de ti, y descubre, como quien coge setas o trufas, recuerdos que en la superficie resultan invisibles.

Mirar cómo duerme nuestra pareja

DURACIÓN: unos minutos
MATERIAL: otra persona durmiendo
EFECTO: enternecedor

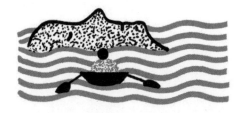

Conoces cada centímetro de su piel, el timbre de su voz, el movimiento de sus ojos y casi todas sus reacciones. Te gusta su risa, la prestancia de la cabeza, y hasta (por ejemplo) una ligera imperfección que solo tú conoces, quizá. En resumen, que ya habéis tenido ocasión de trataros.

No obstante, si contemplas mientras duerme a esa persona que tienes al lado, sin duda tendrás la impresión de no conocerla del todo. Ese rostro ya no está presente ante sí mismo, es como si se hubiera ausentado desde dentro. Los ojos cerrados, el cuerpo lánguido, la postura inesperada, esa inocencia testaruda. Y la respiración que se extiende como otro abandono. ¿Por qué experimentar esta mezcla tan curiosa de inmensa confianza, de leve inquietud y de vago malestar, como si estuvieras contemplando una escena que no deberías estar viendo?

Sin duda, es la yuxtaposición de presencia y ausencia lo que crea esta desazón. Quizá ya no sabes en realidad si este Ser Durmiente es el mismo que aquel al que amabas. Jamás lo sabrás. Puede parecer divertido. O no tanto. Así pues, solo llevándolo en tu ternura podrás ir hasta el punto más lejano en que tú puedes esperarlo, hasta lo más vivo de ese silencio del que nunca sabrá nada.

Trabajar un día de fiesta

DURACIÓN: 8 horas
MATERIAL: un día festivo, un trabajo
EFECTO: socializador

s así. Porque es una costumbre, y porque todo el mundo hace lo mismo. Desde luego, no es una inclinación personal, y mucho menos un placer. Pero le has cogido gusto. Te has adaptado. Tanto si tu trabajo es escolar como si es profesional o doméstico, te has acostumbrado. Pero puede sucederte que tengas que seguir trabajando un día en que nadie, en época normal, lo hace. Mientras los demás duermen, sueñan, pasean, hacen bricolaje, van al cine, vas a tener que trabajar.

La experiencia consiste en observar con atención lo que pasa y lo que sientes. Pasados unos amagos de mal humor, de sensación de broma de mal gusto, de vaga persecución, un pequeño enfado contra el orden de las cosas, entras en un espacio fluctuante. Nada es como de costumbre. Haces gestos idénticos. Realizas las mismas tareas. Sin embargo, el aire es diferente. Falta un ruido de fondo, el ajetreo y la efervescencia de los demás que también trabajan. Desde luego hay signos objetivos, no hay teléfonos, sí despachos vacíos, poca gente en la calle. Pero no es ni lo más interesante ni lo más enigmático.

En efecto, puedes no tener ningún indicio efectivo del hecho de que los demás, ese día, no trabajan. En particular si tu actividad se desarrolla en tu domicilio. Nada te muestra que es un día festivo y, sin embargo, lo notas de manera tangible, casi palpable, física.

¿Es tu imaginación solamente la que te hace sentir este cambio? ¿Existe, por el contrario, una forma de percepción de lo colectivo, una sensación social, un sutil sentido de la algarabía que armamos todos? La vida, desde luego, está llena de misterios.

Considerar la humanidad
como un error

DURACIÓN: una hora aproximadamente

MATERIAL: ninguno

EFECTO: tónico

¡Cuántas veces nos han dicho que éramos excepcionales! Centro del mundo, hijos de Dios, conciencia del todo, sal de la tierra, inteligencia, seres hablantes, espíritu de las ciencias, vector del progreso. Nuestra existencia ha sido celebrada por tantos mitos, religiones, filosofías y discursos complacientes que ya no entendemos nuestros fracasos, bajezas, guerras interminables y lodos sin fin. Naturalmente, ha habido todo tipo de soluciones para rehabilitarnos, explicando nuestra caída, nuestra maldición y nuestra doble cara.

Tú puedes experimentar una desilusión más radical y, sin duda, más beneficiosa. Deshazte de todo aquello que dé un sentido cualquiera a nuestra existencia. Considera que la humanidad es un azar, un error, un accidente biológico. Se desarrolló sin orden, en un guijarro perdido, en un fragmento infinitesimal. Algún día desaparecerá para siempre jamás, sin que nadie guarde memoria de ella, sin que a nadie le importe. A lo largo de las decenas de miles de años en que ha sobrevivido, esta curiosa especie estuvo estancada interminablemente. Luego se multiplicó incontrolada arrasando su hábitat. También acumuló, antes de desaparecer, un sufrimiento inimaginable e inútil, masacres y hambrunas, servidumbres y opresiones.

Observa con lucidez esta especie absurda y violenta. Mira

de frente su falta de justificación, su existencia efímera e insensata. Entrénate para sobrellevar esta idea de que la humanidad no tiene fundamentalmente ni razón de ser ni futuro. Ello debería contribuir a serenarte. Porque sobre este fondo de sinsentido y horror, el destello de lo sublime destaca como un don sin igual. Las músicas perfectas, los cuadros inolvidables, la gloria de las basílicas, las lágrimas de los poetas, la risa de los amantes... Todos ellos derivados del error. Todos ellos sorpresas innombrables.

Instalarse en el planeta de los pequeños gestos

DURACIÓN: variable
MATERIAL: un pasado
EFECTO: migratorio

reer que solo existe un mundo es algo lamentable y burdo. El universo de una mosca no tiene nada en común con el de una ballena ni con el tuyo. Es dudoso que esta multiplicidad de universos se solape de una manera u otra. Lo que tú llamas tu mundo está a su vez compuesto por un número bastante grande de planetas distintos, no necesariamente unidos entre sí.

Para darte cuenta de ello, intenta instalarte en el planeta de los pequeños gestos. Aleja de tus recuerdos todo lo relacionado con músicas, sonidos, colores, formas, sabores. Intenta recuperar en la memoria solo movimientos, desplazamientos, sensaciones táctiles, recorridos de pequeños gestos. Algunos seguramente te marcaron; permanecen sepultados bajo el resto.

He aquí, entre otros, algunos de los míos: una mano en mi frente, posada por una mujer un día de gran malestar, la manera inolvidable en que otra enlazó su brazo con el mío, en un parque, un día de otoño, mi padre dándome golpecitos en la nuca, mi madre haciendo una curiosa señal con la mano para decir adiós.

Tú sabes cuáles son los tuyos. Recupéralos. Comprueba que se contestan unos a otros, que traman un mundo aparte. La red de pequeños gestos existe independientemente. Explora el planeta que forman. En él no se circula como en otras series de recuerdos. Vale la pena, de vez en cuando, ir allí a instalarse por una temporada. Para moverse por él, hay que hacerlo por contigüidad, de un gesto a otro, como un recorrido, un encadenamiento, una serie de huellas para caminar. De todos modos, no es posible perderse.

Descolgar el teléfono

DURACIÓN: variable
MATERIAL: un teléfono
EFECTO: ambiguo

Te gusta que tus amigos te llamen, que tu familia pueda encontrarte, que tus clientes te soliciten o que tus compañeros den señales de vida. Todos estamos en la misma situación, más o menos. Pero también a veces nos sentimos molestos, hasta agobiados, por la intromisión del teléfono, por cómo irrumpe inopinadamente en cualquier momento, cómo interrumpe cualquier actividad, cómo arrasa con cualquier conversación o meditación.

Entonces es cuando hay que vivir la experiencia de descolgar. Desconecta el móvil, desenchufa el fijo, asegúrate de que no pueda sonar nada. El tiempo que haga falta. Procura no tener mucha prisa en utilizar esta calma asegurada. Antes de precipitarte a un trabajo o una siesta, en vez de lanzarte a algún arreglo casero o sobre un cuerpo fresco, saborea durante un rato la sensación que engendra en ti este atrincheramiento.

A veces, una auténtica satisfacción: por fin fuera de alcance, por fin tranquilo, por fin libre de seguir sin ser interrumpido. Alguna vez una inquietud: ¿y si hubiera una urgencia? ¿Una noticia realmente grave? ¿Un accidente? En ocasiones, una culpabilidad: hay gente que está intentando llamarme, ni siquiera podrán dejarme un mensaje, y todo porque prefiero mi comodidad antes que sus exigencias, ¿es esto legítimo?

Y, además, cierta forma de rebelión, la intuición de una sublevación mínima en tiempos de conexión permanente. Se ha convertido en algo tan normal estar en línea, tan indispensable estar conectado, que cortar la línea puede verse como una exigencia de ruptura, un primer paso fuera de control, el riesgo elemental de la libertad cero. Al mismo tiempo, lo notas de inmediato, es una regresión al estado salvaje, un comportamiento asocial, una rotunda soledad. Y te preguntas qué hacer. Tal vez llamar a un centro de consejos especializados.

Sonreír a un desconocido

DURACIÓN: ínfima
MATERIAL: ninguno
EFECTO: cómplice

HYPOCRISY TEST

En la calle, en las tiendas, en el trabajo, en el mercado, en el pueblo y en la ciudad, de viaje o en tu país, no sueles conocer a las personas con las que te cruzas. A menudo, sobre todo si vives en una gran ciudad, o en un lugar turístico, no las habrás visto nunca antes ni las volverás a ver jamás. Puede que no te apetezca manifestarles nada a esos desconocidos. Incluso tienes el derecho fundamental de elegir ser arisco, mudo, indiferente o glacial.

Experimenta una sonrisa. Discreta, contenida, clara pero reservada, simplemente bienintencionada. Pruébalo. Cuando tu mirada se cruce con la de una persona desconocida, cuando estés por unos instantes a su lado. No siempre es fácil. Demasiado insistente, tu sonrisa puede parecer idiota o equívoca. Demasiado sutil, podría pasar desapercibida. Se trata de encontrar, variable según las circunstancias, según las personas, según la fugacidad del encuentro, una sonrisa que diga: «Hagamos lo posible por ser más o menos soportables los unos con los otros, y como no tengo ningún motivo para odiarlo ni para quererlo, ni usted para conmigo tampoco, le deseo que pase un buen día», o bien: «Partidario mansedumbre. Stop», o cualquier otra cosa por el estilo que te apetezca.

No hay razón para otorgarle a esta experiencia una virtud

particular. No obstante, mientras la practicas, se te ocurrirá que, si se generalizara, se suavizarían las costumbres. O que aumentaría la hipocresía. O ambas cosas a la vez. Y quién dice que la suavización de las costumbres es necesariamente una buena cosa. Y que algo más de hipocresía no sea deseable. Son preguntas que hacen sonreír.

Entrar en el espacio de un cuadro

DURACIÓN: indefinible
MATERIAL: un cuadro
EFECTO: deslocalizador

n su conjunto, la organización espacial del mundo carece de sorpresas. Tú tienes el mapa. Tanto si se trata de localizar un objeto como de evaluar su distancia, la cosa es fácil. Dejemos de lado los casos límite, objetos lejanos y paradojas intergalácticas. En la vida cotidiana, en tu entorno más inmediato, la configuración del espacio es regular. No hay trampas ni encerronas posibles.

Salvo si caes en determinados cuadros. Nadie sabrá decirte cuáles son los que, en ti, provocarán este efecto. Es imprevisible. Por lo tanto, tienes que emprender la experiencia en un museo de tu elección, sin saber cuál será el resultado. Tu mirada empieza a deslizarse por las lisas telas. Pueden ser interesantes, emocionantes, de hábil factura, obras maestras, sublimes, pero permanecen siempre en el mismo espacio que el tuyo. De pronto, si tienes suerte, sobreviene algo distinto.

Te sientes atraído, aspirado, llamado por una especie de falla en el espacio habitual. Esta falla pertenece a un espacio «imposible», otra dimensión, un agujero en la textura del mundo. Por otra parte, hay muchos tipos de espacios de esta clase en los que puedes caer. Unos parecen criptas, otros escaleras, sótanos invertidos, perspectivas en espiral. Otros están como estriados por líneas infinitas, o tachonados de agujeros negros. Otros son como campanas de cristal, calabazas, gatos de Cheshire.

Sobre todo, no dudes. No te resistas a la primera atracción. Déjate capturar, deslizar, arrastrar. No hay que tener miedo: de estos espacios no se regresa jamás. Continuamos viviendo en ellos, al tiempo que persistimos en el nuestro. Por lo tanto, nos hallamos permanentemente en varios espacios. Por esta razón las artes intensifican la existencia.

Salir del cine en pleno día

DURACIÓN: 90 minutos aproximadamente
MATERIAL: una sala de cine, la luz del día
EFECTO: desfase

Durante un buen rato has seguido a la protagonista, las peleas, los cambios de situación. Has vivido en la oscuridad bajo otros cielos. El cine te ha vaciado de tus pensamientos actuales, te ha llenado con sus imágenes. Te ha depurado del tiempo y de su continuidad. Pasas por el pasillo o las escaleras que llevan afuera. Primero te encuentras, bajo la luz de las lámparas, con una primera franja del mundo habitual. Sin embargo, todavía no es más que un paso, una transición. De repente, abres la puerta.

Fuera brilla el sol. Lo habías olvidado. Por completo. Te preguntas cómo es posible. No su olvido, sino esta luz de día. Exterior, sol. No estaba en el guion. Debería ser de noche. Como de costumbre, con muy poca gente en la calle, con taxis furtivos y escaparates cerrados. Pero no. Es de día y hasta daña un poco la vista. Las aceras están llenas de gente, ¿qué han estado haciendo durante todo este rato? ¿Han trabajado? ¿Corrido? ¿Cómo han logrado existir?

De acuerdo, se las habrán ingeniado como de costumbre. Pero aun así... Su persistencia masiva es algo enigmática, incluso vagamente provocadora. Cuando tú estás atrapado en la misma corriente, cuando trabajas o tomas el autobús con ellos, ni siquiera te das cuenta. Sabes bien que se espabilan para seguir existiendo. Pero ahora, mientras estabas con la protagonista y toda su lucha, no sabes cómo han conseguido hacerlo.

Ellos han continuado con sus idas y venidas. Su tiempo se adapta al precedente. Sus gestos se encadenan unos a otros. Los tuyos, no. Al contrario, para ti la duración se ha distendido. Ha formado una gran bolsa en la que han cabido la historia de la película, los paisajes, tus emociones, tal vez vidas enteras. Bastante deprisa, esta cuestión se difumina y termina por desaparecer. Pero solamente por negligencia o por arrebato. No está realmente zanjada.

Zambullirse en agua fría

DURACIÓN: 1 hora y 20 segundos
MATERIAL: playa, sol, mar
EFECTO: fronterizo

Si tu salud te lo permite, empieza por estarte un buen rato a pleno sol. Una hora al menos, en un día muy caluroso. Tienes que sentir cómo se te achicharra la piel y cómo hasta el interior del cuerpo se te empieza a poner tibio. Opta más bien por un lugar donde el agua esté especialmente fresca. Cuanto más vivo sea el contraste entre el calor en la arena y el frío del agua, mejor saldrá la experiencia.

De pronto echa a correr hacia el agua. No te detengas. Estírate, salta, zambúllete en el agua fresca, nada sin respirar el rato que puedas. Esos segundos merecen ser explorados. La explosión del frescor no se percibe de inmediato. Las primeras décimas de segundo están irisadas de punzadas múltiples, de haces de chispas en los contornos del cuerpo. Como una efusión de frío y calor, una caída libre, una incisión efervescente. Luego, uno o dos segundos después, viene el frío, el pasmo que deja estupefacto, la necesidad de seguir nadando, bajo el agua, en lo más profundo, antes de volver a subir y coger un poco de aire tocando otra vez el destello blanco del sol.

Aquellos a quienes la prudencia prohíba este juego pueden explorar por otras vías una sensación análoga: entrar bruscamente en una bañera llena de agua tibia-fría, o incluso, para los más frágiles o más miedosos, meter un pie en un cubo de agua helada. Cada vez, lo interesante es el estupor del contraste, el hecho de perder el equilibrio con respecto a sí mismo. Sensaciones separadas, desfasadas, demasiado distantes las unas de las otras, demasiado distintas, no parecen poder integrarse de entrada en la supuesta continuidad del «yo». Su disparidad parece que les impide caber juntas en la misma sucesión. Al sucederse demasiado deprisa, dejan al «yo» como una tortuga tumbada sobre el caparazón.

Buscar paisajes inmutables

DURACIÓN: interminable
MATERIAL: la Tierra
EFECTO: eternizador

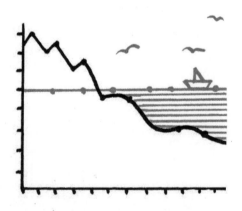

No es exactamente nostalgia. Cierta ternura, tal vez, una forma de curiosidad más bien melancólica. Invita a preguntarse dónde hallar paisajes que todavía hoy se parezcan a como eran hace decenas de miles de años. ¿Existen lugares que no hayan cambiado en absoluto? ¿Lugares sin huellas de modificación humana?

¿Qué bosque se mantiene igual? ¿Qué paraje, campo, colina puede ofrecer todavía una cara inmóvil? ¿Qué montaña, incluso? Empieza a buscar.

Intenta varios métodos. Aproximaciones, tanteos. Pero siempre una duda. ¿No lo ha modificado todo la agricultura? ¿Y no lo ha transformado la erosión? Imaginas que tal o cual panorama, grosso modo, ha permanecido idéntico a lo que podía ver un hombre de la Edad de Piedra. Pero nunca estás seguro del todo. Te sientes decepcionado.

No obstante, la solución no es complicada. Ve al mar, hasta que dejes de ver la costa. Ya está, nada ha cambiado. La idéntica extensión de agua permanece. Por los siglos de los siglos. Lo que estás viendo ahora pudieron verlo los pterodáctilos. Y ha representado y representa casi dos tercios del planeta.

Dicho de otro modo, la mayor parte de la Tierra ha permanecido invariable. Junto a las devastaciones, los grandes cambios y la humanización, la mayor parte del planeta ha conservado prácticamente la misma apariencia, húmeda y azul, hasta más allá de donde la vista alcanza.

Deduce de esta constatación lo que quieras: un tema de asombro, un objeto de controversia, una evidencia tranquilizadora o una amarga desilusión. Perdura la espuma.

Oír nuestra voz grabada

DURACIÓN: unos minutos
MATERIAL: una grabación donde se oiga nuestra voz
EFECTO: descolocante

no siempre se sorprende. «¿Ese soy yo?» Tu propia
voz te parece demasiado aguda o demasiado grave,
demasiado lenta o demasiado rápida, mal puesta, mal
colocada, desfasada, inesperada. Al principio no reconoces el
timbre ni la velocidad. Y eso que la grabación refleja correcta-
mente la voz de los demás. Pero la tuya, no.

Sabes que eres tú quien ha pronunciado esas palabras y
esas frases. Por otra parte, identificas sin dudar tu discurso, pero
como al bies, de perfil, desde un ángulo curioso. Tú y no tú.
Caes en una falla, un vacío que se ha abierto de repente. Tú te
conoces «desde dentro». Ahora te percibes «desde fuera». Los
profesionales están acostumbrados. Los profesionales de radio
y de grabaciones se conocen la voz desde fuera tanto como desde dentro. Trabajan con y en esta materia. Están acostumbrados a oírse y ya no experimentan la sorpresa y el malestar que
suscitan, por lo común, las primeras veces que uno escucha su
propia voz tal como la oyen los demás.

Jamás ningún ser humano, en el mundo de otras épocas,
pudo oír su voz como los demás la oían. Como tampoco ver su
imagen como los demás la veían. Las máquinas han hecho posible este descentramiento. No es un salir de sí mismo. Confirma, con el apoyo de las herramientas, que nuestra intimidad es

ignorancia. La técnica ayuda a la filosofía. Nos lleva a preguntar con qué apariencia quedarnos: ¿la que nos ofrece, desde dentro, una imagen de nosotros mismos o bien la que parece objetiva y se graba? La misma pregunta es válida para la cara, los pensamientos, para el conjunto de nuestros comportamientos. Permanece indefinidamente sin respuesta. Siempre sorprende.

Llamar guapo a alguien desconocido

DURACIÓN: menos de un 1 minuto
MATERIAL: ninguno
EFECTO: fuegos artificiales

No habías visto nunca a esa persona. Solamente la casualidad del instante hace que la veas hoy, en el restaurante. O en el tren, o en el café, o cruzando la calle. Es un ser radiante, lleno de vida, perfecto. Su mera presencia es tranquilizadora. Dentro de pocos minutos o segundos, desaparecerá. No volverás a ver a esa persona nunca más. No tiene ninguna importancia. Estás rebosante de gratitud por su breve paso. Te apetece darle las gracias por existir, decirle que su belleza te alegra el corazón.

Pero eso no se hace. Te arriesgas a todo tipo de malentendidos. Si la persona va sola, pensará que quieres ligar (y, sin embargo, tu gratitud es desinteresada). Si va con alguien, puede que se rían de ti o que piensen que estás un poco chalado.

Vive la experiencia de atreverte. Pese a todo. Por una cuestión de estilo y de sinceridad. Tienes mucho que ganar y poco que perder. ¿Ganar qué, exactamente? El placer de decir. No podemos dar las gracias, por la dicha que su contemplación nos procura, a un paisaje, un cielo, una roca, una flor o un pájaro. Estos no pueden saber nada de la sensación de gratitud que nos provocan. Con la presencia humana es diferente.

Lo que pase después ya lo verás tú mismo. Sin embargo, obtener una mayoría de hombros encogidos como respuesta podría revelar un lamentable deterioro de los vínculos sociales.

Creer en la existencia de un olor

DURACIÓN: entre épsilon e infinito
MATERIAL: ninguno
EFECTO: canino

Te parece haber notado algo. Un olor suave. Como un perfume difuso, que de entrada no reconoces. Una vaharada floral, un fondo de primavera, un recuerdo de incienso quizá, o la cabellera de una joven. No intentes identificarlo. Conserva el rastro. Entra en el olor, aunque sea leve, tenue o evanescente. Amplifica, alimenta, extiende, refuerza, deja que se despliegue el mundo ahí contenido.

¿Corresponde ese olor a una realidad? ¿Has imaginado solamente que existe? No tiene importancia. Siempre puedes conceder tu confianza a un olor que pasa, acogerlo y desarrollarlo, sin preguntar si es de verdad o de mentira, si es bueno o malo. Da la bienvenida a los olores de un país, de una casa, de una persona, de una situación, a los olores de miedo, de amor, de muerte, de infancia, de escuela, de trabajo, de cocina, de mercados, de todo tipo. Comprobarás que este universo muy abandonado, a menudo considerado apenas digno de existir, apenas digno de atención, está a medio camino entre lo imaginario y lo real. Aquí se distinguen mal, intercambian sus lugares o incluso se tejen el uno al otro. El reino de los olores es un lugar intermedio entre los sueños y la vigilia, lo sensible y lo ilusorio.

De ahí nacen preguntas desacostumbradas, sobre las que discuten expertos incapaces de ponerse de acuerdo. Por ejemplo: ¿el olor del agua cambia según la temperatura? ¿Es posible oler el olor del olor? ¿La esencia de sándalo (por ejemplo) tiene un olor comparable a la existencia de sándalo (y así sucesivamente)? ¿Hay o no un olor del mundo? Es más: ¿los anósmicos (personas que carecen de olfato) son ateos? ¿Deben tener el mismo estatus social que los ciegos o los sordomudos? Prosigue.

Despertarse sin saber dónde

DURACIÓN: 5 segundos
MATERIAL: una habitación fuera de casa
EFECTO: cosmopolita

Se necesita cierto cansancio. O frecuentes desplazamientos, una existencia ajetreada. Estás durmiendo y, de repente, un ruido, una luz o simplemente el timbre del despertador te saca del sueño. Sabes que no estás en tu casa, pero, durante un breve lapso de tiempo, ignoras dónde te encuentras. Cinco segundos son un buen lapso. Después, ya recuerdas, ya te das cuenta, ya sabes: qué ciudad, qué casa, por qué. La experiencia consiste en explorar ese momento de vacilación entre el primer despertar y cuando ya te acomodas en la realidad.

Es un momento muy interesante, a pesar de su brevedad. En efecto, te sientes sin ataduras. En estado de ingravidez. No necesariamente inquieto, ni siquiera preocupado, sino en blanco, en la luz pura. Puedes decir, como en los libros: «¿Dónde estoy?». De hecho, no tienes ninguna duda sobre la presencia del mundo, ni sobre la tuya ni sobre la continuidad de la existencia. Ignoras, por un ínfimo instante todavía, cómo se llama ese lugar, dónde te encuentras, e incluso por qué estás allí. Pero no dudas ni por un instante que estás en algún sitio y que pronto lo sabrás.

Eso da a este corto episodio la deliciosa ligereza de un misterio sin peligro. El interrogante es real, pero pronto quedará resuelto. Pese a todo, tu ignorancia no es fingida: en realidad, no sabes dónde te has despertado. Al mismo tiempo, sientes la seguridad sin igual de un saber del mundo: estás en algún sitio, no cabe ninguna duda, y en un instante sabrás en qué lugar, ¡ah, sí, claro! Era eso. Intenta no dejar escapar ese raro momento de perfecto suspense entre la duda y la seguridad, la certeza y la ignorancia, la inquietud y la satisfacción.

Bajar una escalera sin fin

DURACIÓN: unos minutos
MATERIAL: una escalera de ocho a veinte pisos
EFECTO: introspectivo

Durante los primeros dos o tres pisos solamente estás empezando a coger el ritmo. En cuanto puedas, procura regularizar el paso, el movimiento de las piernas, la respiración, y continúa sin pensar más en ello. Todo tiene que hacerse maquinal enseguida, hasta el ligero mareo que te indicará que lo has conseguido. Prosigue.

Piensa que ya nunca más pararás de bajar. El movimiento en espiral proseguirá indefinidamente. No hay fondo: ni infierno ni materia pura, ni descomposición, ni muerte. Tan solo un descenso regular, interminable. Hasta el infinito. No te detendrás nunca. Al mismo tiempo puedes amenizar el descenso con todo tipo de variaciones. Imagina, por ejemplo, que atraviesas zonas de diferente color. Inventa unos pisos helados y otros tórridos, unos oscuros y otros luminosos, unos largos pasajes superpoblados y otros desérticos, regiones de la escalera más o menos bien conservadas, poblaciones locales, músicas folclóricas, costumbres gastronómicas, pinturas rupestres. Sin embargo, no podrás modificar jamás el hecho de que tu descenso no tiene fin.

Entonces el espíritu de la escalera te inspirará dos oraciones fúnebres que recitarás mentalmente con cálidos acentos: la del inventor de la planta baja, la del vendedor de ascensores.

Desprenderse de una emoción

DURACIÓN: variable
MATERIAL: ninguno
EFECTO: sosegador

Hemos olvidado que durante mucho tiempo el ideal, para los hombres que aspiraban a la perfección, fue desprenderse de las emociones. Conseguir desembarazarse de esa molesta carga, librarse de esa contrariedad, apagar ese fuego maligno, eran tareas nobles. En este olvido, el Romanticismo tuvo mucho que ver, ciertamente. Transformó las emociones en grandes aventuras. Hizo de ellas los indicios de un destino. Bajo su influencia, se convirtieron en gloriosas, a veces grandiosas. Envidiables, en cualquier caso. Los clásicos, herederos de la Antigüedad, habían hecho todo lo posible para mantenerlas al margen. Las emociones eran una molestia de la que había que librarse.

Mira lo que fue, en la Antigüedad, el ideal del sabio. Si el sabio es feliz y admirable, es porque ha sabido escaparse del reino de las emociones. Vive fuera de su alcance. Las ignora, se ha vuelto impermeable a su existencia. El sabio no se emociona.

Tú nunca serás sabio, sin duda. Intenta, al menos, la experiencia de desprenderte de una emoción. Cuando esta surja, no te instales en ella. Considérala como una hinchazón, un flemón, una tumefacción temporal, y actúa como si quisieras aplastarla. Procura mirarla desde fuera, encontrarla irrisoria y desagradable a la vez. No entres en la emoción. Si ya estás dentro, dirígete hacia la salida. Aplástala. Pero no te instales tampoco en esta tarea. Deja que pase.

A veces es muy difícil, desde luego. Si una preocupación te atormenta, si una angustia te invade, si una dicha te arrebata, eliminarla deprisa y bien es algo que se sitúa en los límites de lo posible. Pero no es imposible. Lo esencial está en saber cuál es su objetivo ideal. O una vida sin tristezas ni locuras, sin pánico ni entusiasmo, una existencia carente de tormentas. O, por el contrario, una vida de contrastes, implosiones y explosiones, terrores y éxtasis, llantos y risas. Procura degustar un poquito de una y otra. O, si puedes, invéntate otra cosa. La humanidad te estaría muy agradecida.

$$\left(\begin{array}{c}83\end{array}\right)$$

Inmovilizar lo efímero

DURACIÓN: detenida
MATERIAL: un aparato de grabación
EFECTO: contemplativo

Antes, los detalles fugitivos se perdían para siempre. Un gesto de la mano, una mirada de reojo, un esbozo de sonrisa, una inflexión de la voz, una luz especial, todo terminaba, junto con otros millares de minúsculas realidades de cada segundo, hundido en el océano desaparecido del que no queda ninguna huella para nadie.

Hemos inventado las máquinas de detalles. Capturan los instantes. Atrapan el menor matiz. Conservan los sonidos y los perfiles. No hace tanto que aparecieron. Nos hemos acostumbrado tan deprisa a ellas que ahora ni siquiera nos damos cuenta de su existencia y su potencia. O casi.

La experiencia consiste en recuperar la conciencia del poder de estas técnicas. Lo hacemos todos los días sin pensar: escuchar la radio o discos, ver la tele o vídeos, fotografiar, grabar voces, música, imágenes, etc. Se trata de que esta vez pensemos en el modo tan singular en que estas máquinas sustraen a la marcha del tiempo unos retazos de lo efímero.

Una tecla rozada por Scott Joplin en 1902, un leve pestañeo de Louise Brooks en 1934, una bota que resuena sobre los adoquines de los Campos Elíseos en 1940, la confusa llegada de un tren a Calcuta ayer mismo... junto con otros miles de millones de instantes captados en vivo, gestos recogidos por la foto o la película, músicas enlatadas. Intenta reflexionar sobre eso cuando mires una foto o escuches un disco. Y cuando tú mismo grabes un retazo de vida, piensa que estás apartando del tiempo un minúsculo destello de existencia. Piensa en ese paradójico reloj de arena por el que se escapa, hacia una especie de eternidad, el polvo de las horas. A cada instante, lo que habría podido desaparecer para siempre se convierte en algo disponible para volver a ser visto u oído hasta el infinito. Lo fugitivo y lo efímero fluyen permanentemente hacia lo eterno.

Pregúntate cómo acabará todo esto.

La respuesta carece de importancia.

Arreglar una habitación

DURACIÓN: intermitente
MATERIAL: unas habitaciones
EFECTO: coordinador

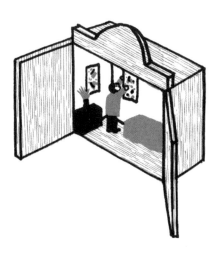

Moqueta y papel pintado, baldosas y pintura, circuitos eléctricos, iluminación, puertas y ventanas, cortinas y cojines, muebles, plantas... Hay que coordinar los sitios, los colores, los estilos. Lo interesante es que no se sepa cómo hacerlo. Aprende a escuchar lo que dice la habitación. Cada lugar demanda una forma o una disposición determinadas. No podemos tener de él un conocimiento global ni racional. Como si en cada sitio el espíritu del lugar hablara su propia lengua, lengua que nosotros hemos de aprender por nuestros propios medios. Así pues, hay que dejarse impregnar por los caracteres de este lugar: volumen, luces, superficies, materias, texturas. Y luego ir tanteando.

Nunca un buen arreglo surge ya listo de una intuición primera. Hay que aprender a jugar con las aproximaciones, el paso a paso, los intentos y los errores. Saber callarse y olvidar, redescubrir, actuar bajo las palabras y las representaciones. En absoluto de manera teórica y abstracta. Tú pones un color, y los otros, a su alrededor, se transforman. Colocas un mueble, los volúmenes cambian, a veces los colores también, y las luces. Todas las cosas se responden entre sí continuamente. Por eso no puedes equivocarte nunca, aunque no sepas el procedimiento exacto que debes seguir.

La experiencia obedece, pues, a unas reglas siempre diferentes. Debes dejar hacer y actuar a la vez. Eres tú, en efecto, quien trabaja, pero la cosa tendrá éxito si no impones nada. Por otra parte, las consecuencias de esta relativa pasividad dependerán de lo que tú eres. Lo que dicta el lugar, lo que exige poco a poco, no es idéntico de un individuo a otro, evidentemente: si el lugar es el que guía, es a ti a quien conduce, y no a otra persona. Por lo tanto, no es solamente la habitación lo que vas acondicionando progresivamente, es también a ti mismo.

Esta experiencia enseña poco a poco que tú formas parte del decorado. No como un autor, un creador, una voluntad externa que haya decidido sobre las apariencias. Tú te conviertes en uno de los elementos de la habitación, y ella se convierte en uno de los elementos de lo que tú eres. Si alguien te dice «qué casa tan bonita tienes», podrás pensar que solo es una fórmula estúpida, o que los efectos de la verdad son procesos.

Reírse de una idea

DURACIÓN: imprevisible
MATERIAL: unas ideas
EFECTO: alentador

¿H ay ideas que pueden provocar la risa? ¿Una sonrisa cómplice, una señal de diversión? No solo eso. Una buena carcajada, a pleno pulmón, a mandíbula batiente. Parece ser que sí. La risa no es discreta. En realidad, no es de buena educación ni de buen gusto. Aunque sea específicamente humana, es animal e incontrolada, inconveniente.

Si quieres vivir la experiencia de reírte de una idea, tendrás que dirigirte a los filósofos. En ellos encontrarás innumerables nociones, insólitas, extrañas, escépticas, alambicadas, falsas, contrahechas, deformes, grotescas, céntricas, aberrantes, asombrosas, apabullantes, insólitas, cómicas, aterradoras, enloquecedoras. Los verás pensar de frente, de lado, al bies, de perfil, haciendo equilibrios, en el aire, hacia atrás, con los ojos cerrados, sin manos. De tales trucos de magia y acrobacias, no encontrarás muchos entre los filósofos pequeños, los modosos, los aplicados. Hay que ir a buscarlos en los grandes, en los de verdad, en los auténticos. Desde luego, los genios hacen reír. En efecto, inventan rarezas conceptuales, nociones con las que nadie sabe qué hacer a primera vista, máquinas para zarandear las evidencias, pensamientos que de entrada parecen impensables.

Al principio quizá vaciles en soltar la carcajada sobre algo

REÍRSE DE UNA IDEA

referido a lo verdadero, lo bueno, lo hermoso. Empieza, pues, por las cosas raras. Búscalas por los rincones. Por ejemplo: lo que Platón dice de los perros, Aristóteles de la erección, Spinoza de las cosquillas, Pascal del estornudo, Kant de las hormigas del Congo. Es una manera de ir aclimatándose, pero el juego todavía es demasiado fácil. Deja intacta, en efecto, la creencia en una división según la cual las curiosidades están a un lado y las verdaderas cuestiones, buenas y legítimas, a otro. Por el contrario, deberías conseguir reírte con Platón de la idea del Bien, con Aristóteles del Primer Motor, con Spinoza de la Naturaleza, con Pascal del Dios de Abraham y con Kant de la ley moral. Por ejemplo.

Para lograrlo, no solo se necesita tiempo, algunas lecturas y un poco de paciencia. Ante todo, conviene abandonar esa lamentable costumbre de separar lo importante de lo risible, lo respetable de rostro serio de lo cómico y grotesco que provoca hilaridad. Lo esencial es risible. Así pues, intentarás deshacerte de la convicción de que reírse de las más grandes ideas es una manera de despreciarlas.

La mejor manera de respetar las ideas es reírse. Explica, comenta.

86

Desaparecer en la terraza de un café

DURACIÓN: de 30 a 40 minutos
MATERIAL: café, terraza
EFECTO: diáfano

Es preferible que haya gente. Mucha, casi demasiada. Al final encuentras un sitio, una mesita al fondo. Pide lo que quieras, espera a que el camarero te haya servido, ofrécele pagarle enseguida. Que él quiera interpretar o no su papel de camarero no tiene ninguna importancia. Dentro de tres segundos tú desaparecerás.

No sientes un malestar especial. Nada se ha modificado sensiblemente en tus percepciones. Pero, desde que el camarero te ha traído el cambio, te has vuelto transparente. Ya nadie te ve. A tu alrededor la gente habla entre sí, pero nadie te dirige la palabra. Las miradas te atraviesan, no tropiezan con nada. Nadie se sienta en tu silla, pero es por pura casualidad. Ahí estás tú, ausente, disuelto, impalpable. Repentinamente aniquilado. Tu existencia sigue siendo evidente para ti. Para los demás se ha vuelto imperceptible.

Puedes salir de esta situación crítica recurriendo al método favorito del hombre invisible: tirarse encima algo que manche. Pero no hay garantía de éxito. Sobre todo porque lo mismo puede pasarte en el metro, en un espectáculo, en cualquier sitio, sin que puedas recurrir a tal artificio. En resumidas cuentas, siempre queda una duda. Nunca puedes estar completamente seguro de que, vista desde fuera, tu existencia presente una continuidad. Existen, en efecto, indicios, numerosos y concordantes, que permiten afirmar que los demás te ven, te hablan y en conjunto no te confunden. Pero nada muestra que sea siempre así. Al contrario, en muy numerosas circunstancias, puedes constatar tu propia ausencia en la mirada y el comportamiento de la gente. Entonces, por lo general, basta con ponerse a hablar, hacer una pregunta, manifestarse de cualquier manera para disipar toda sospecha. No siempre funciona. Aún hay algunas situaciones en las que nada te convence de no haber desaparecido.

Considerando tales momentos, la cuestión es saber si la situación te inquieta o te tranquiliza.

Remar en un lago en casa

DURACIÓN: una hora aproximadamente
MATERIAL: remo estático o barca
EFECTO: simétrico

Alguna vez habrás remado en tu casa, en un aparato de gimnasia, o en una barca, en un lago. Remar es una actividad filosófica, ¿lo sabías? Varios motivos permiten afirmarlo. Pasaremos por alto el hecho de que la expresión designe familiarmente, en francés, un esfuerzo penoso y sin resultado directo («He remado mucho antes de conseguirlo»). En cambio, prestaremos atención al hecho de desplazarse de manera ingeniosa por un elemento que no es el nuestro. Observaremos también que se trata de explorar solo las superficies, los planos aparentes, sin acceder a lo que está debajo, al otro lado de la mirada. Pero tampoco es este el rasgo determinante.

Lo que más acerca la filosofía a los paseos en barca es el hecho de que, en ambos casos, el movimiento es continuo y su regularidad está producida por una sucesión, necesariamente fragmentada, de esfuerzos repetidos. Cada palada es independiente de las demás, da a la barca un impulso único, un envite. Y, sin embargo, cuando el remero encadena de manera fluida estos impulsos sucesivos, la barca avanza de manera continua y regular, sin sacudidas. Sin duda, esta es una representación posible de la filosofía: una serie de impulsos, cada uno de ellos singular, discontinuo, pero que en conjunto engendran finalmente una trayectoria única, sin brusquedades. La clave del proceso: el uso juicioso de la fuerza de la inercia, del deslizamiento y de la respiración.

Regla esencial cuando se rema: respetar la simetría. El mínimo desequilibrio, mucha fuerza a la derecha, menos a la izquierda, o al revés, y la trayectoria se modifica, el esquife cabecea, la espalda se tuerce, todo va mal. Por lo tanto, deberás mantener la simetría y no romperla. Deberás incluso intentar extenderla a tu imaginación. Así, la próxima vez que hagas ejercicio en el remo estático en tu habitación, imagínate que estás en un lago, mira el color del agua, respeta el ritmo y la simetría. Y la próxima vez que vayas en barca por el lago, contempla a tu alrededor los muebles de tu habitación, siempre respetando el ritmo y la simetría.

Cuando hayas acercado lo suficiente estas dos formas de remar, hasta el punto de que la práctica de una te evoque la otra, pregúntate qué relación puede tener esto con la filosofía. Insiste hasta que llegues a percibirlo con claridad.

Deambular por la noche

DURACIÓN: 2 o 3 horas
MATERIAL: ciudad, noche
EFECTO: nómada

Mucha gente cree que la noche se define tan solo por la ausencia de luz solar. Esta idea no solo es simplista, es falsa. La noche sustituye con un nuevo planeta al que conocemos de día. Ni los códigos ni los gestos son los mismos. Los pensamientos son diferentes. Ni siquiera es seguro que los individuos sean iguales.

Sin duda es en las ciudades donde esta mutación es más visible. Una población específica vive de noche. Es poco numerosa, escasa, dispersa. La noche es en primer lugar un espacio, sin nada que ver con el del día. Por ella se deambula. Eso significa que uno se desplaza sin objetivo concreto, salvo la eventual búsqueda de una presa, a su vez difícil de definir. Las calles están casi desiertas. Es posible avanzar, percibir la configuración de la ciudad. Tanto si se va a pie como en coche, la noche ofrece la ciudad abierta, y el deseo de recorrerla interminablemente.

Lleva a cabo la experiencia de coger el coche, o de reunir todo el valor de que dispongas, y ponte en marcha, una gran parte de la noche, sin saber adónde vas. Siempre descubrirás algo nuevo, aunque lo conviertas en una costumbre. Un neón, un barrio, una pelea, un infortunio, un espectáculo, una orgía previsible, una crisis, una fiesta improvisada. Experimentarás sobre todo que existen múltiples noches, repartidas por sectores del espacio o por fases del tiempo. Y quizá desearás que la noche no tenga fin. Verás el amanecer como una derrota. Vivirás en la espera del crepúsculo. El fin del día anunciará el regreso de una promesa.

Te preguntarás sobre la veracidad de esta definición: «Se denominan filósofos de las Luces quienes se sienten atraídos, en la oscuridad, por cuanto brilla». Te preguntarás qué relación puede tener esto con el hecho de que en griego antiguo el plural de *psyché*, que significa alma, se emplee para designar a las mariposas.

Encariñarse con un objeto

DURACIÓN: varios años como mínimo
MATERIAL: un objeto cualquiera
EFECTO: fortalecedor

No es su belleza ni su valor lo que cuenta. Puede ser un objeto trivial. Apenas decorativo, apenas útil. Ni siquiera interesante. Lo fuiste guardando por negligencia, un poco por casualidad, como si estuviera escondido en un rincón del armario. O porque algún familiar tuyo te lo había regalado. Un hijo, tu padre o tu madre. O algún amor ya pasado. O tal vez fuera el recuerdo de un viaje, la huella de un episodio, el testimonio de algún lugar. Al principio, no le prestaste mucha atención. No era un objeto que te gustase en especial. Tal vez ni siquiera sabías muy bien de dónde venía, a qué o a quién estaba vinculado.

Sea como sea, esa cosa de poca monta fue atravesando los años. Forma parte, sin que realmente lo decidieras nunca, de los objetos que nunca tiraste, ni vendiste, ni diste. Te fue siguiendo en tus peregrinaciones más o menos complicadas, de un lugar a otro. Un día se te apareció su historia. Supiste a quién, a qué estaba vinculado, y ya no lo volviste a olvidar. La ternura de la costumbre se superpuso a la cosa inicial. Sentiste por este objeto una especie de gratitud por el mero hecho de haber perdurado.

Ahora, aunque no eres ni fetichista ni supersticioso, es una de las cosas que más aprecias. Te disgustaría verla rota, te entristecería perderla. Mantienes con ese objeto una relación afectuosa, duradera, al fin tranquilizadora. Quizá algún día en que estés muy débil, enfermo, moribundo, envejecido, algún día en que simplemente tengas la sensación de que todo se derrumba y se desmorona, de que cae sin remedio por un agujero sin fondo, entonces tomarás en tus manos ese viejo objeto y te aferrarás a él como a la única cosa que aún resiste, que te permite no hundirte por completo. Quién sabe.

Cantar las alabanzas de Papá Noel

DURACIÓN: 10 minutos aproximadamente
MATERIAL: un público
EFECTO: revitalizador

Dejar de creer en Papá Noel suele considerarse una señal de madurez. Se acabó la época en que éramos crédulos, nos dejábamos engañar, esa época débil en que nos podían contar cualquier patraña. Hace ya mucho tiempo que la dejaste atrás. Ahora ya eres fuerte, adulto, más bien desconfiado, desengañado, pero estás seguro, al menos, de que nadie te toma el pelo.

¿Tan seguro estás? ¿Tan sencilla es la cosa? ¿Es que piensas que has salido ganando? Más autónomo, sin duda; más razonable, quizá. Pero también menos soñador, con menos esperanzas, con menos horizontes. Papá Noel, y todo lo que conlleva, te permitía conservar algunos retazos de un mundo mágico. Su rechoncha bondad coloradota, su desabrida magia tenían el agradable aroma de la sopa y el perfume de las hadas. Paraíso y lentejuelas, un mundo oculto fácil y tranquilizador. Es tentador querer prescindir de él, orgullosamente lúcido. Puede que no sea del todo posible.

Papá Noel regresa siempre, bajo formas menos bonachonas, supuestamente mejor articuladas, con apariencias menos ingenuas. Seguimos soñando. Pero esta vez en nombre de la ciencia, o de la revolución, o del éxito. Soñamos, pues, creyendo haber dejado de soñar. Quizá sea preferible el hombre de rojo y su trineo de renos.

Por lo tanto, prueba a elogiarlo en público. Delante de tus amigos, o de personas que no conozcas. Di que es una lástima que Papá Noel no esté mejor defendido, que ojalá exista de verdad, que deseas además una gran investigación internacional, con una comisión de expertos objetiva, porque, la verdad sea dicha, pasan cosas muy extrañas.

Recuerda que Papá Noel es un benefactor de la humanidad, que lleva años y años repartiendo juguetes y sueños a decenas de millones de niños. Subraya que su reinado es reciente, que aún es frágil. En 1951, en Dijon, hubo católicos que lo quemaron, por la sencilla razón de que este buen héroe amenazaba con perturbar las almas que, en esa época del año, solo debían estar preocupadas por el nacimiento de Cristo.

Pon mucho ardor, convicción y fervor. Poco importa lo que de verdad pienses. Muéstrate tan convincente como te sea posible. El objetivo de esta experiencia no es influir en nadie. Te bastará con observar que las reacciones, frente a este elogio de Papá Noel, se dividen invariablemente en dos campos. Unos se encogen de hombros, piensan que eres un memo o un pobre provocador, se niegan a seguirte. Los otros entran en el juego, sugieren un comité de defensa, se comprometen a limpiar la chimenea. No todo está perdido.

Jugar con un niño

DURACIÓN: de 30 a 40 minutos
MATERIAL: variado
EFECTO: desorganizador

s más impactante con un niño que aún no sabe hablar, o muy poco. De entre uno y dos años, por ejemplo. Menos de tres, en cualquier caso. Escoge un juego que él conozca bien, que domine, en el que se sienta cómodo y relajado, y déjale hacer. Solo tienes que seguirle, entrar en el juego. A la manera del niño, no a la tuya. Acepta las repeticiones sin fin, las reglas estrambóticas, los tiempos de espera, los momentos de excitación cuyas causas no entiendes. La experiencia consiste, primero, en entrar en ese mundo-del-juego-infantil dejando de lado, en la medida de lo posible, tu universo-normal-adulto.

Con mayor o menor esfuerzo, mayor o menor aplicación, flexibilidad o rigidez según los casos, te convertirás en un elemento del mundo-del-juego-infantil. Sin duda, solo lo conseguirás en parte. Es inevitable. Además, la cuestión no es hacerse totalmente pasivo, sino convertirse, por desorientador que sea por un momento, en copartícipe efectivo de ese mundo.

Comprueba a continuación los efectos de esta inmersión cuando retornes al mundo normal. Este es el núcleo de la experiencia. Si has sido lo suficientemente concienzudo, si has dejado aparcada bastante lejos, y bastante rato, la continuidad de tus pensamientos (incompatibles con el mundo-del-juego-infantil), hay muchas probabilidades de que no puedas recuperarla de golpe. Lo interesante, si logras sentirlo, es ese momento de pérdida, ese tiempo de extravío, ese lapso de vacilación hasta recuperar tus puntos de referencia.

Como si entrar en el mundo-del-juego-infantil, aun por un momento breve e imperfecto, te dejara tan desestructurado que necesitaras un proceso de recuperación. Esta reconstrucción puede llevarte cierto tiempo. Tal vez no recuerdes de inmediato lo que tenías que hacer después, lo que te preocupa o te causa alegría. Has estado desorganizado en el interior, y volver a colocar las cosas en su sitio requiere un tipo de esfuerzo que no eres capaz de realizar de buenas a primeras.

A partir de esta experiencia, podrás meditar sobre el estrecho territorio, muy frágil, que consideras como tu estado mental «normal».

Enfrentarse al azar puro

DURACIÓN: 2 segundos
MATERIAL: casino o equivalente
EFECTO: aventurero

cabas de apostar dinero. Es un juego de azar puro. No se precisa ninguna aptitud, no es posible ninguna intervención. Es preferible que el resultado no te sea indiferente. La posible ganancia debe ser importante, tanto que, en caso de llevártela, tu existencia cambiaría notablemente. Por lo tanto, puedes decirte a ti mismo, sin exagerar mucho, que el curso de tu existencia se halla en juego. Lo que seas mañana depende, en gran medida, de unos elementos que desde este instante no controlas en absoluto: el recorrido de una bola por una ruleta, la aparición de una carta sobre el tapete verde o la alineación de unos dibujos en la pantalla de una máquina.

Lo que hay que experimentar entonces es que una situación de este género carece por completo de significado. Es seguro que ganarás o que perderás. Las probabilidades de que pierdas son mucho más grandes. Las de ganar no son del todo nulas. Unas y otras se pueden calcular. Pero ninguna de ellas posee un sentido. Esto es lo más difícil de captar.

Seguirás siendo el mismo desde el punto de vista económico o, por el contrario, accederás a la riqueza. Pero ambos futuros divergentes dependen del azar, sin significado ni intención. El resultado no tiene nada que ver con tus méritos ni deméritos. Estás en manos de lo aleatorio, expuesto a una arbitrariedad anónima y sin objetivo. De una manera inmensamente ajena a toda forma de justicia, dentro de un segundo, ganarás o perderás.

Es inevitable que intentes llenar este vacío con todo tipo de explicaciones, de súplicas, de esperanzas, de cálculos, de pensamientos mágicos de toda especie. Se precisa una gran fuerza de ánimo para aceptar en un instante, de manera cruda y desnuda, que nuestra vida pende de un sinsentido. Sin duda, si fuéramos mayores, deberíamos ser capaces de hacerlo en todo momento.

Arrodillarse para recitar la guía telefónica

DURACIÓN: 15 minutos exactamente
MATERIAL: una guía telefónica, preferiblemente vieja
EFECTO: respetuoso

os amantes de las formas fijas siempre lo han dicho: haz los gestos primero, la creencia vendrá después. Arrodíllate, recita como es debido, y la fe terminará por llegar. Aunque esta opinión resulte muy ofensiva para cuantos poseen una convicción verdadera, es indudable que no carece de fundamento. Podemos darnos cuenta de ello mediante la experiencia siguiente.

Durante algunos días reserva quince minutos de tu tiempo, siempre a la misma hora. En el curso de este cuarto de hora, lee en voz alta un número siempre idéntico de páginas de la guía telefónica. Articularás inteligiblemente, línea tras línea, apellidos, nombres, direcciones y números. Procura buscar una guía más bien antigua, aunque no es indispensable. Pero no está mal que esta lectura también parezca lo más inútil posible y se refiera a un texto venerable, transmitido a lo largo del tiempo.

No busques en absoluto cómo darle un sentido a tu recitado. Descarta la idea de que estás invocando al espíritu de la compañía telefónica en memoria de los abonados difuntos, o de que con tu plegaria estás alimentando la gran interconexión universal. No. Tú lees todos los días, de rodillas, durante quince minutos, unas páginas de la guía de teléfonos. Y punto. Eso es lo que se llama una práctica. Todo lo demás no son más que comentarios y florituras.

Aparte de posibles dolores en las rodillas, ¿qué puedes sacar de esta experiencia? La enorme fuerza de estas obligaciones absurdas, la extraña fascinación que ejercen, el poder que, de un modo confuso, no podemos dejar de otorgarles. Porque hay muchas probabilidades de que no puedas continuar sin fraguar alguna explicación. Probablemente empezarás a esbozar una razón que explique su conducta. Elaborarás, aunque sea en broma, un mito que te permita justificar esta lectura, su objetivo y su alcance.

Si no consigues frenarte, funda una secta.

Pensar en lo que hacen los demás

DURACIÓN: de 10 a 15 minutos
MATERIAL: ninguno
EFECTO: disolvente

stás solo durante un rato. Con razón o sin ella, esta soledad te abruma. Te sientes aislado del resto del mundo. Desde luego, eso es falso. Para ver cuán equivocado estás, empieza por preguntarte qué estarán haciendo, en este mismo instante, tus allegados, tu familia, tus mejores amigos. Imagínate, con la mayor verosimilitud y exactitud posibles, su actividad actual. Piensa también en su localización espacial. Con relación al punto que ocupas en este momento, ¿están ellos delante de ti? ¿Detrás? ¿A la derecha? ¿A la izquierda? ¿Más arriba? ¿Más abajo? Imagina sus respectivas distancias. Velos bajo ángulos diversos, como siluetas de gestos exactos. Amplía poco a poco el campo. Incluye en la escena a las personas que están alrededor de cada uno de ellos.

Piensa después en lo que hace, en cada pueblo, barrio y ciudad, la gente de ese lugar. Gente que trabaja, llora o vagabundea. ¿Cuántos, en este instante, están durmiendo? Considera la cuestión desde una óptica planetaria. ¿Qué porcentaje de seres humanos, en este preciso instante, está bostezando? ¿Cortándose las uñas? ¿Retorciéndose de dolor? ¿Despertando con una sonrisa en los labios? ¿Comiendo sopa? ¿Gimiendo de placer? ¿Aburriéndose mortalmente?

¿Cuántos, en este instante, están tocando el piano? ¿Escuchando a Bach? ¿Huyendo de la policía? ¿Saliendo de la biblioteca? ¿Dentro de un avión? ¿Lavándose las manos, cepillándose los dientes, sonándose? ¿Cuántos están llorando y cuántos riendo? ¿Hablando delante de un auditorio? ¿Escuchando? ¿Intentando suicidarse?

¿Cuántos, en este momento, se están haciendo las mismas preguntas?

Hacer teatro en todas partes

DURACIÓN: de unas horas a varios años
MATERIAL: ninguno
EFECTO: antidepresivo

os momentos en que nos sentimos abatidos son también aquellos en los que acabamos creyendo que la vida es seria, el mundo real y las palabras verdaderas. Por suerte, reaccionar contra esta lamentable tendencia no es demasiado complicado. Quizá sea suficiente, al menos en un principio, transformar sistemáticamente cada situación en una escena de comedia. Esta metamorfosis no afectará solo a tu percepción interna de los acontecimientos. Deberá modificarte la voz, la gesticulación, lo que digas, e incluso lo que realmente te pase.

Así, por ejemplo, esta mañana, no vas a la panadería y a Correos a comprar, respectivamente, una barra de pan y unos sellos. Para empezar, interpreta al cliente triunfante que entra en la panadería. Cuidado con la manera de abrir la puerta (gesto del brazo, empujón fuerte, pero no brusco). Imposta la voz como conviene para decir claramente «Buenos días», un «Buenos días» de cliente matutino que va triunfal a comprar una barra de pan. Pide, paga, coge el cambio, siempre triunfalmente, di adiós y gracias, siempre atento a lo que haces, componiendo los gestos, el paso conquistador hacia la puerta, y hasta la sonrisita cómplice al cruzarse con la señora que, seguro, por la pinta que tiene, va a comprar un pan de molde cortado y dos empanadillas.

A continuación tienes tres minutos y medio para ir componiendo, mientras caminas, otro personaje, el del comprador de sellos anónimo, que llega tímidamente a una oficina de Correos desconocida, un tanto intimidado, ignorando las costumbres, porque ha vivido mucho tiempo en el extranjero, o porque ha salido del hospital, en todo caso abochornado, casi culpable, llevando con torpeza la barra de pan, que ahora le resulta un estorbo, casi de mala educación, y no sabe qué hacer con ella, no la puede esconder, avergonzado.

Y así sucesivamente. Que pases un buen día.

Matar a alguien con la imaginación

DURACIÓN: de 15 a 20 minutos
MATERIAL: ninguno
EFECTO: alivio

a prohibición del homicidio, desde el punto de vista de las buenas costumbres, no está nada mal. Sin embargo, también presenta grandes inconvenientes, si pensamos en el gran número de mezquindades y estupideces que siguen multiplicándose con impunidad día tras día. Por lo tanto, si estás furioso con algún necio, un malvado, un malintencionado, un impresentable, no te reprimas, vive la experiencia de imaginarte como lo asesinas de manera precisa y nítida.

Escoge el momento, el lugar, la modalidad (armas, dispositivos). Selecciona claramente entre todas las opciones posibles: asesinarlo tú mismo o bien que lo hagan otros a tus órdenes, en tu presencia o no, con o sin tortura previa, con o sin efusión de sangre. Imagina todas las escenas hasta en sus más mínimos detalles. No omitas precisar lo que hay que hacer con el cadáver. Expláyate, extiéndete, sé concreto, no dudes en deleitarte y regodearte. Atrévete con las prácticas más sanguinolentas, el terror *gore*, la brutalidad sádica. Entrénate en pensar en estos asesinatos con satisfacción y regocijarte durante un buen rato.

No temas despertar en ti malas tendencias que te puedan llevar a caer por la resbaladiza pendiente del vicio. No porque mates a tu prójimo con la imaginación te convertirás en un criminal. Al contrario. Cuanto más aceptes este placer privado sin sentir ni pizca de malestar o culpabilidad, más capaz serás, una vez saciada tu sed de venganza en imágenes, de respetar como es debido el derecho fundamental de tu vecino, que sigue vivito y coleando, a la vida y a la integridad de su persona. El muy cerdo...

97

Coger el metro sin rumbo fijo

DURACIÓN: 1 hora aproximadamente
MATERIAL: un metro
EFECTO: presentificador

os transportes colectivos son fun-cio-na-les. Los coges para ir de un lugar a otro. Y nada más. Utilidad, y no placer, aunque el desplazamiento pueda causarte satisfacción (estás contento de irte de vacaciones, o de volver a ver a Suzanne) o pueda resultarte agradable (cómodo, eficaz, etc.). Los coges para ser vehiculado, trasladado, aerotransportado. No están pensados para que contemples, para que vayas solo a ver qué pasa, sencillamente a contemplar.

Pruébalo. Intenta ser efectivamente «desplazado» en los transportes, tomándolos sin utilizarlos. Desinstrumentaliza por un momento el mundo. Por ejemplo, ve a pasar una hora en el metro, por el mero hecho de estar en el metro. Puedes subirte a un vagón, ir de una estación a otra, hacer transbordo. Lo esencial es que no vayas a ningún sitio, que ningún trayecto definido sea el motivo de tu presencia ni el objetivo de tu recorrido. Estás allí para pasar una hora, para ver, nada más.

Hay muchas posibilidades de que este elemental desfase te haga descubrir más de lo que creías sobre los demás, sobre ti y, de paso, sobre el metro. Pregúntate, por ejemplo, si es probable que seas, a esa hora, la única persona que esté en el metro solo por estar en el metro. ¿Sería concebible, en cambio, que todas las personas que deambulan, suben y bajan y se comportan como pasajeros-del-metro se encontrasen, sin excepción, en el mismo caso que tú, y estuviesen allí solamente para contemplar? Si esta hipótesis se verificase, significaría que la función misma de los transportes colectivos no sería sino una añagaza, una coartada de pueblos estetas pero tímidos, o hipócritas.

Dado que tal eventualidad no puede ser verificada ni invalidada por ningún método seguro, te está permitido anotar regularmente tus observaciones en cuadernos de notas que irás poniendo al día con rigor. Puedes comparar las perplejidades que suscitan las redes subterráneas de algunas capitales, europeas o no.

Quitarse el reloj

DURACIÓN: indeterminable
MATERIAL: un reloj de pulsera
EFECTO: extraviador

Para empezar, mide tu grado de intoxicación. ¿Miras el reloj tres veces al día? ¿Cuatro veces por hora? ¿Mucho más a menudo? Es muy posible que no lo sepas en absoluto, que tus estimaciones sean erróneas. Comienza con medidas objetivas. Si consultas la hora al menos cada cuarto de hora, como media, esta experiencia es ideal para ti.

Consiste en vivir, «normalmente» a ser posible, después de haberse quitado el reloj. Empieza con un rato relativamente corto y en que no necesites ir cronometrado. Por ejemplo, una tarde en casa; un día festivo. Después prosigue, poco a poco, con tentativas más audaces, como una salida, o una cita de trabajo. En principio, no vale ningún sustituto del tipo despertador de viaje, reloj de cocina, reloj público, parquímetro o el reloj del ordenador. Por el contrario, debes instalarte en la desconcertante vacilación de esa falta de indicación.

Experimentarás la curiosa desnudez de tu muñeca y el discreto vértigo de no saber en qué punto estás de... ¿de qué, exactamente? ¿La seguridad de los puntos de referencia cronometrados? ¿Las coartadas de la exactitud? Sientes, más o menos intensamente, más o menos duraderamente, una impresión de malestar. El mundo no está normal. Está mal encajado, fluctuante, desajustado.

Si no desistes, si te entrenas y te acostumbras, deberías descubrir otra forma de percepción del tiempo. Interna y vivaz, relajada, exacta sin estar crispada. Lograrás conocer los momentos exactos desde el interior, sin necesidad siquiera de reflexionar. Entonces podrás meditar sobre la forma —muy relativa— de violencia y coacción que ejercen los relojes con sus agujas y los horarios.

Soportar a los charlatanes

DURACIÓN: unos minutos
MATERIAL: conversación
EFECTO: reposo

Son inagotables, prolijos, inasequibles al desaliento. Cuando pueden atraparte en cualquier parte, en el umbral de la puerta, en un pasillo, en una recepción, una cena, ya no te sueltan. Lo que dicen no tiene interés, pero insisten en que te enteres. Los charlatanes son una de las plagas de la humanidad. ¿Cómo librarse de ellos? Aprendiendo a dejar de escuchar. Para conseguirlo, se necesita cierto entrenamiento. Desde luego no se logra el primer día. Hace falta una habilidad que no se adquiere así como así. Mientras el charlatán te hable, dejarás de seguir la conversación en la medida de lo posible. En el mejor de los casos, podrás llegar a casi ni siquiera oír. Con un poco de ejercicio, terminarás por no saber ya de qué te pueden estar hablando los charlatanes. El auténtico desafío es, por supuesto, que no se note. La experiencia viene a ser, pues, ausentarte, tan totalmente como sea posible, sin que se note tu retirada.

Nunca desvíes la mirada. Por el contrario, clávala en los ojos del charlatán, poniendo cara de estar muy atento e interesado (levemente divertido, o bien serio o triste, según lo que hayas podido captar de sus primeras palabras). Asiente regularmente con la cabeza. De vez en cuando emite un pequeño gruñido, muy breve, como signo de puntuación. Pero no exageres. Pon el escuchador automático: ahora seguirás sin esfuerzo de atención el ritmo y la música del parloteo. Con un poco de costumbre, detectarás la inminencia de una pausa, que podrás llenar al azar con un «¡qué me dices!» o un «¡qué cosas!» o un «¡quién lo hubiera dicho!». De ser necesario, en particular para poner fin a la conversación (o para cambiar de tema antes de dormirte), puedes escuchar dos o tres frases, y hacer una pregunta.

En adelante intentarás perfeccionarte. Hasta el día en que seas capaz de aguantar una cita entera con un charlatán encantado de la atención que le prestas. Lo cual demuestra que para parecer altruista se necesita muy poca cosa.

Limpiar después de una fiesta

DURACIÓN: 1 o 2 horas
MATERIAL: una fiesta en casa
EFECTO: variable

os últimos invitados acaban de irse. Todo el mundo parecía contento. Ha habido momentos divertidos, gestos cálidos, reencuentros. Velas y amigos, historias furtivas y complots afectuosos. Música, canciones, juegos improvisados. Los vinos eran de buena calidad, los cuerpos también. Todo el mundo había traído algo, y como de costumbre había demasiadas cosas para comer. Ha estado bien, vaya.

Ahora la casa está llena de platos vacíos, vasos medio llenos y ceniceros rebosantes. Las pilas de platos hacen compañía a los montones de tazas. La cocina ha sufrido un zafarrancho de combate, la nevera parece haber sido saqueada. No tienes intendente, ni mayordomo, ni asistenta. Es muy tarde, has bebido bastante. ¿Qué hacer?

Existen dos escuelas enfrentadas que defienden unas concepciones radicalmente opuestas del mundo, de la existencia, de la relación con el tiempo.

Los partidarios del valor inmediato te explicarán que hay que ponerse manos a la obra al instante, chapotear en el acto entre cremas y salsas, lavar toda la vajilla en agua caliente, bajar rápidamente las bolsas de basura llenas, colocarlo todo en su lugar. Inconvenientes evidentes: tener que vencer la pereza, sacar fuerzas de flaqueza. Ventajas: todo estará limpio al despertarte.

Los partidarios de la indolencia feliz te enviarán a dormir o a holgar sin preocuparte de momento por las grandes limpiezas. No siendo higienistas, insistirán en la peculiar forma de satisfacción que procura el conservar, durante un tiempo, los restos de la fiesta, su alegre maceración, su monumentalidad, y el placer de la rememoración que ofrece la limpieza del día siguiente.

La incompatibilidad de estas dos escuelas es total. Sus respectivos discípulos han renunciado hace ya tiempo a cualquier tipo de diálogo. Nadie ha conseguido realizar la experiencia de conciliarlas.

Buscar la caricia más leve

DURACIÓN: indefinida
MATERIAL: apenas nada
EFECTO: divino

as caricias son morales. Porque carecen de naturaleza. Imposible encerrarlas en una definición, ni siquiera en un espacio dado. Una caricia solo existe al borde del desvanecimiento. Su existencia es una discontinuidad prolongada, una fugacidad mantenida. Siempre aparece al borde de la difuminación, palpita con el vacío, irisa los límites. Si es insistente, ya no es caricia. Deja paso al masaje, a la estimulación, actividades respetables pero muy distintas. Si no toca, no existe.

La experiencia consiste en encontrar la caricia más pequeña antes de dejar de serlo. En efecto, la caricia es tanto más potente cuanto más débil. Tanto más exquisita cuanto más leve. Siempre que perdure en el roce, apenas, al borde de la desaparición, en la exacta proximidad del ser y de la nada.

La caricia mínima tiene efectos de tipo infinito. A ti te corresponde dedicar tu existencia a censar una parte de ellos. En particular deberás comparar las consecuencias de la caricia atendiendo a que esta roce determinadas parcelas de la cara, la espalda, el vientre o el sexo, y teniendo en cuenta el recorrido seguido. Es igualmente necesario sentir y meditar las diferencias entre la caricia mínima que uno se hace a sí mismo, la que hace al otro, o la que el otro le hace a uno.

Por último, es aconsejable no pasar por alto los sutiles vínculos existentes entre caricia mínima y éxtasis inefable. Sin duda
es una de las fronteras de la historia europea. Por una parte, el
precepto de quien, transfigurado, llega a poseer un cuerpo glorioso: *Noli me tangere* («No me toques»). Por otra parte, la fórmula surrealista de la posguerra: «Se ruega tocar».

ÍNDICE DE DURACIONES

Cuantificables

Unos segundos
    Exp. 9
    Exp. 15
    Exp. 26
2 segundos
    Exp. 92
3 segundos
    Exp. 51
5 segundos
    Exp. 80
Menos de 1 minuto
    Exp. 78
Unos minutos
    Exp. 30
    Exp. 46
    Exp. 67
    Exp. 77
    Exp. 81
    Exp. 99
1 o 2 minutos
    Exp. 13
2 a 3 minutos
aproximadamente
    Exp. 2
5 minutos
aproximadamente
    Exp. 57
5 a 10 minutos
    Exp. 20

Exp. 23
Exp. 40
10 minutos
    Exp. 61
10 minutos
aproximadamente
    Exp. 14
    Exp. 90
10 a 15 minutos
    Exp. 35
    Exp. 94
10 a 20 minutos
    Exp. 12
    Exp. 34
    Exp. 62
10, luego 20,
luego 30 minutos
    Exp. 38
10 minutos
a varias horas
    Exp. 37
10 a 40 minutos
    Exp. 28
15 minutos
aproximadamente
    Exp. 55
15 minutos exactamente
    Exp. 93
15 a 20 minutos
    Exp. 22
    Exp. 45

Varios meses
Exp. 27
Varios años
Exp. 59

Varios años como mínimo
Exp. 89
30 a 40 años
Exp. 25

ÍNDICE DE MATERIALES

ÍNDICE DE EFECTOS

AGRADECIMIENTOS

Mi gratitud va en primer lugar a las mujeres que han querido participar en la realización material de este manuscrito y ayudarme con sus opiniones: Yvette Gogue, que dactilografió las primeras versiones, y mi hermana Irène, que recogió las versiones finales.

Mi agradecimiento va también a aquellos amigos que leyeron todo o parte de estos textos y me hicieron llegar sus observaciones y consejos: Paul Audi, Dominique y Jean-Toussaint Desanti, Dominique-Antoine Grisoni, Roland Jaccard, François Rachline y Jean-Philippe de Tonnac.

Doy las gracias igualmente a George Robertson por su hospitalidad, y a Jacqueline Swartz por su apoyo.

Agradezco, por último, la amabilidad constante de mi hija Marie, que ha sido un precioso apoyo durante la redacción de este volumen.